W0466299

more than training

mtt-Werkstattreihe

Herausgegeben von **Prof. Dr. Bernd Fittkau**, Göttingen
und **Matthias Weber**, Wartenberg bei München

Kundenorientierte Teamentwicklung

von

Bernd Fittkau

und

Mattias Weber

more than training

DTP: Matthias Weber, Thomas Schneider, mtt consulting network
Umschlaggestaltung unter Verwendung eines Werkes von Peter Loew, München,
mit freundlicher Genehmigung des Künstlers
Druck und Bindung: wb-Druck, Rieden am Forggensee

Erste Auflage 2001
ISBN 3-9808090-0-5

Inhaltsverzeichnis

Fortsetzung auf S. VI

mtt-Werkstattberichte

Zielgruppen

Wenn Sie das vorliegende Buch der Reihe *mtt-Werkstattberichte* durchblättern, sehen Sie, dass wir für Praktiker geschrieben haben, die in Organisationen Veränderungsprozesse systematisch gestalten und unterstützen wollen: Inhaber, Geschäftsführer, Manager, Personal- und Organisations-Entwickler, Trainer und Berater.

Vor allen Dingen aber wollen wir Sie als Führungskraft ansprechen. Von Ihnen wird heute zunehmend erwartet, dass Sie neben ihrer operativen Funktion als Organisator und Qulitätssicherer im Tagesgeschäft praktikable Antworten auf folgende Fragen finden:

- „Wie kann ich meinen Bereich sichtbar effektiver (i.S.v. die richtigen Dinge tun) und effizienter (i.S.v. die Dinge richtig tun), also marktorientierter und wettbewerbsfähiger machen?"
- „Wie kann ich neue Kräfte mobilisieren, Motivation, also Bewegung und Beweglichkeit erzeugen, um für die Zukunftsherausforderungen gewappnet zu sein?"
- „Wie kann ich die Kernkompetenzen meines Bereichs (neu) ausrichten und nach vorne bringen, dass die Zusammenarbeit mit unseren internen und externen Kunden und Lieferanten (noch) produktiver wird?"

Wir wollen also vor allem Führungskräfte darin unterstützen, sich auch als *Human Performance Manager* ihres Verantwortungsbereichs zu verstehen und entsprechend zu handeln. Dabei wird eine Leistungssteigerung möglich durch Weiterentwicklung auf vier Ebenen:

- Kunden,
- Mitarbeiter,
- Organisation, Strukturen und Prozesse und
- Strategie und Führungsinstrumente.

Steigerung der Wettbewerbsfähigkeit

Unternehmen müssen sich den Herausforderungen des steigenden Wettbewerbsdrucks und der rasanten technologischen Entwicklung stellen. Dies gilt auch für den Nonprofit-Bereich, z.B. Krankenhäuser. Die Ursachen für die Beschleunigung der Veränderungsprozesse sind vielschichtig, aber kaum bestreitbar: globaler Wettbewerb, Euro-Einführung, Deregulierung der Märkte, Einführung internationaler Finanzratings bei Banken und Sparkassen (z.B. Basel-2-Abkommen), kürzere (informations-)technologische Innovationszyklen, Verkürzung der Halbwertzeit beruflichen Know-hows auf nur noch ca. 5 Jahre, Verringerung des technologischen Vorsprungs der alten Industrienationen, begrenzte Ressourcen, höhere Ansprüche, Zusammenbruch und Durchrationalisierung von kostspieligen, dämpfend wirkenden Sozialsystemen (z.B. Planwirtschaften, Verwaltungsbürokratien usw.).

Die Marktsituation ändert sich für die Unternehmen rasant und die Unternehmen müssen reagieren, möglichst sogar proagieren. Ob wir Menschen nun wollen oder nicht: wir müssen lernen, uns den veränderten Bedingungen anzupassen und flexibler zu arbeiten und zu leben.

Schulen und Hochschulen in ihren bisherigen Strukturen bieten hierfür (noch) nicht die passenden Lernmöglichkeiten. Die Halbwertzeit des schulischen Wissens wird auf 20 Jahre geschätzt, die des Hochschulwissens auf 10 Jahre; technologisches und IT-Wissen ist bereits nach 2-3 Jahren zu 50% überholt.

Also müssen die Unternehmen selbst dafür sorgen, dass ihre Mitarbeiter angemessene Lern- und Trainingsmöglichkeiten für die Arbeit in dynamisierten, leistungsorientierten Systemen erhalten. Diese Investition ins Humankapital begünstigt den notwendigen Return on invest: die Wettbewerbsfähigkeit des Unternehmens.

„Produkt" als Prozess

Glaubwürdige und tragfähige Antworten auf die oben gestellten Fragen liegen nicht in Einzelmaßnahmen nach dem Motto: „Wir müssen mal wieder einen Workshop machen". Unsere langjährigen Erfahrungen zeigen, dass Workshops in gezielten Lern- und Veränderungsprozessen in Organisationen sehr wohl eine wichtige Rolle spielen können. Sie sind ein Schlüsselwerkzeug, wenn sie als Teilprozess in einem umfassenden Entwicklungsprozess gedacht und geplant werden.

Mit welchen Themenschwerpunkten eine Organisationseinheit (Bereich, Hauptabteilung, Abteilung, Team) beginnt, hängt von der „Wahrheit der Situation" ab. In manchen Situationen ist ein „Top-down"-Ansatz angemessen. Dann kann als Startimpuls ein „Strategie-Workshop" gut sein, ggf. mit der Themenausrichtung „Kunden- und Serviceorientierung".

Für andere Bereichssituationen ist ein „Bottom-up"-Ansatz die richtige Wahl. Startimpuls kann dann eine Mitarbeiter-Befragung mit anschließendem „Rückmeldungs-Workshop", bei dem erste Verbesserungs-Maßnahmen entwickelt werden. Danach können ggf. „Qualitätszirkel" im Rahmen eines „kontinuierlichen Verbesserungsprozesses" (KVP) eingeführt werden.

Für noch andere Bereichsentwicklungen dürfte eine "Multiple Nucleus"-Strategie situativ angemessen sein, in der sich geeignete Pilot-Teilbereiche „mit Ausstrahlung" dezentral und relativ autonom entwikkeln. Hier kommen Einstiegs-Workshops mit den Themenschwerpunkten „Team-Entwicklung" oder „prozessorientiertes Projekt-Management" in Frage.

Jeder Workshop sollte als Teilprozess innerhalb des Gesamtprozesses der Bereichsentwicklung gedacht und geplant werden.

Solche Workshops werden Sie als Führungskraft nur in Ausnahmefällen selbst leiten. Dazu fehlt es Ihnen meist an Vorbereitungzeit und der Routine bei der Workshop-Gestaltung. Auch Ihre rollengemäße Parteilichkeit als Führungskraft behindert Sie in der Funktions des allparteilichen Workshop-Moderators.

Als Führungskraft sind Sie verantwortlich für den gesamten Prozess der Entwicklung Ihres Bereichs und für Budgetierung und Durchführung solcher Workshops. Bei anstehenden Veränderungsprojekten sollten Sie nicht die Katze im Sack kaufen, sondern schon vorher eine möglichst genaue Kenntnis über Ablauf und Dramaturgie haben. Die in der mtt-Schriftenreihe *Werkstattberichte* vorgestellten Workshop-Standards ermöglichen es Ihnen, zusammen mit internen oder externen Workshop-Experten einen „Maßanzug" für Ihre spezifische Situation zu schneidern. Zusammen mit einem Moderator Ihrer Wahl können Sie dafür sorgen, dass Ihre Ziele und Inhalte im Workshop zur Sprache kommen und der Prozessablauf zieladäquat in Ihrem Sinne gestaltet wird.

Der Vorteil prozessorientierter Workshopsteuerung liegt darin, Unvorhersehbares und Unplanbares in einem angemessenen Raum zuzulassen. Diesen Vorteil können Sie noch verantwortlicher nutzen, wenn Sie den Prozess wie eben beschrieben antizipieren.

Workshop als Schlüsselwerkzeug

Workshops sind einerseits ein geeignetes Steuerinstrument für Veränderungsprozesse in Organisationen. Zum anderen sind sie eine Lernform, die eine wichtige Brückenfunktion erfüllt. Viele Menschen sind es gewohnt, hierarchisch organisiert zu arbeiten und institutionell organisiert zu lernen – also in berechenbaren Systemen zu leben. In Workshops können sie sich vorbereiten auf die immer häufiger auftauchenden „Wildwasser-Situationen" (Vaill 1998) in Beruf (und Privatleben).

In Workshops lassen sich Veränderungsprozesse als „kontrollierte Offensive" planen, gestalten, einüben und erleben. Einerseits ist dabei die bekannte Planungssicherheit weitgehend gegeben. Andererseits werden für die Beteiligten realitätsnahe Turbulenzen, Spannungs- und Konfliktfelder transparent und können offen angesprochen werden. Sie werden als aktuelle oder zukünftige Lösungsherausforderungen bewusst.

Workshops sind somit ein Schlüsselwerkzeug in einem Prozess des *Human Performance Improvement:*

- Sie sind selbst eine Lern- und Arbeitsform, bei der die Möglichkeit der Balance zwischen Plan- und Prozessorientierung, Verstand und Emotion erfahrbar wird.
- Als Teilprozess steuern und impulsieren sie durch verstärkte Beteiligung der Betroffenen verbindlicher den Entwicklungsprozess eines Bereichs.
- Gleichzeitig geben sie der Gesamtorganisation einen Impuls in Richtung einer „lernenden Organisation" (Senge 1996) und damit einer

„reiferen Führungsorganisation" (Müller 1997), in der selbstorganisierte, selbst- und gesamtverantwortliche Veränderungsprozesse den Arbeitsalltag bestimmen.

Dennoch können Workshops manchmal der aktuellen Organisationskultur zuwiderlaufen und somit kontraproduktiv sein. Sie dienen der Verbesserung von Kennens-, Könnens- und Wollens-Prozessen und können so den herrschenden Sollens- und Dürfens-Normen widersprechen. So können sie zu Inselbildungen und damit zu verstärkten Schnittstellenproblemen führen. Unsere *mtt-Werkstattberichte* möchten hier dazu beitragen, dass Sie als Führungskraft auch eine solche Möglichkeit treffender einschätzen können.

Die Reihe *mtt-Werkstattberichte*

Die Herausgeber der Reihe *mtt-Werkstattberichte* arbeiten seit mehr als 25 Jahren mit Workshops als komplexem Lern- und Trainingsinstrument für *Human Performance Improvement* in unterschiedlichen Organisationen. In erfolgreichen Wirtschaftsunternehmen hat sich heute die Arbeits- und Lernform „Workshop" weitgehend durchgesetzt. Wir möchten in dieser Reihe bewährte Workshop-Konzepte im Rahmen exemplarischer Projektbeschreibungen vorstellen. Als Form wählen wir den „Werkstattbericht". Damit wollen wir zu ihrer weiteren Verbreitung beitragen und gleichzeitig einen Schritt in Richtung höhere Transparenz, bessere Handhabbarkeit und Verfahrensoptimierung tun.

Geplant sind *mtt-Werkstattberichte* zu folgenden aktuellen Entwicklungsthemen von Organisationen:

- Kundenorientierte Teamentwicklung
- Kunden- und Service-Orientierung
- Prozessorientiertes Projekt-Management
- Organisations- und Prozess-Optimierung
- Strategie-Entwicklung
- Kommunikation und Führung
- Führungskräfte-Entwicklung
- Führen mit Zielen und Kennziffern
- Führen von Vertriebsmannschaften
- „Train the Trainer"

Weitere wichtige Workshop-Themen und Werkzeuge für *Human Performance Improvement*, wie z.B. „Outdoor"- oder „Open-Space"-Veranstaltungen, „Ganzheitliche Unternehmensberatung mit Hilfe der Balanced Scorecard" sollen in der Form von Workshop-Modulen diese Reihe erweitern.

Die Herausgeber der *mtt-Werkstattberichte* wollen nicht nur die eigenen positiven Workshop-Erfahrungen und -Materialien weitergeben, sondern auch Kollegen einladen, ihr Workshop-Know-how einer interessierten Öffentlichkeit vorzustellen. Diese Schriftenreihe – getragen von mtt-Beratern, mtt-Netzwerkpartnern und mtt-Kooperationspartnern – bildet den Hintergrund eines Workshop-Profi-Netzwerks:
mtt – more than training.

Die Herausgeber:

Prof. Dr. Bernd Fittkau
Pädagogisches Seminar
der Universität Göttingen

Matthias Weber
mtt consulting network GmbH
Wartenberg bei München

Literatur

Müller, U. R. (1997): Macht-Wechsel im Management. Freiburg, Haufe Verlag
Senge, P.M. (1996): Die V. Disziplin. Stuttgart, Klett-Cotta
Vaill, P.B. Lernen als Lebensform. Stuttgart, Klett-Cotta

Team-Historie

Teams gibt es, seit es Menschen gibt. Aus guten Gründen kann man annehmen, dass nicht nur das egoistische Überlebensinteresse des Einzelmenschen biogenetisch vorprogrammiert ist. Auch seine Fähigkeit, arbeitsteilig und effektiv in Sozialsystemen mit anderen zusammenzuarbeiten, um Überlebensvorteile für seine Art zu sichern, scheint im Menschen von Natur aus angelegt zu sein (siehe z.B. Dröscher 1994, Towery 1999).

Was ist ein Team?

Den Begriff des Teams kennen Sie wahrscheinlich vor allem aus dem Sport. Aber wenn wir ihn bei Teamentwicklungs-Projekten benutzen, stellt sich natürlich die Frage: „Was versteht man denn genau unter einem (guten) Team?"

Als Teamentwickler antworten wir darauf mit folgender Metapher, einer alten Sufi-Geschichte.

Der Blinde und der Lahme

Ein Blinder, der orientierungslos durch den Wald irrt, stolpert und fällt. Als er auf dem Waldboden herumtastet, entdeckt er, dass er über einen Lahmen gefallen ist. Beide fangen ein Gespräch an und klagen über ihr

Schicksal. Der Blinde sagt: „Ich irre schon, seit ich denken kann, in diesem Wald herum und finde nicht wieder heraus, weil ich nicht sehen kann." Der Lahme erklärt: „ Ich liege schon, seit ich denken kann, am Boden und komme nicht aus dem Wald heraus, weil ich nicht aufstehen kann." Während sie sich so unterhalten, ruft der Lahme plötzlich: „Ich hab's! Du nimmst mich auf den Rücken, und ich werde dir sagen, in welche Richtung du gehen mußt. Zusammen können wir aus dem Wald herausfinden." (aus Senge 1996)

Chancen der Teamarbeit

Teamarbeit bietet die große Chance, dass jeder seine besonderen Stärken nutzen kann. Und dass jeder zu seinen Schwächen stehen und sich von anderen bei diesen helfen und ergänzen lassen kann - am besten von Partnern, die gerade hier ihre spezifischen Stärken haben. So können alle gemeinsam über sich selbst hinaus wachsen, jeder gibt, nimmt und gewinnt. Gemeinsam können Qualitäten entwickelt werden, die ein Einzelner nicht erreichen könnte.

Team - eine Definition

Ein Team ist:

- eine kleine Zahl von Personen,
- zu sich komplementär ergänzenden Fähigkeiten,
- die sich einem gemeinsamen Sinn, Ziel und Arbeitsansatz verpflichtet fühlen,
- für deren Einhaltung sie sich gegenseitig verantwortlich halten.

(Katzenbach, Smith 1998)

Urteam „Familie"

Das erste Modell für ein Team liefert die Familie. Hier erfahren Kinder, ob und wie Vereinbarungen geschlossen werden, wie Zusammenarbeit aussehen kann, wie Konflikte gelöst werden. Die Familie ist das Vorbild für alle späteren Teams. Hier werden auch geschlechtsspezifische Rollen geprägt, was sich wiederum darauf auswirkt, welche Teamrollen Junge oder Mädchen später bevorzugen, wie in Abbildung 1 verdeutlicht.

Wie wir wissen, funktioniert das Zusammenspiel in Partnerschaften und Ehen unterschiedlich gut. Abhängig davon erleben Kinder unterschiedlich gut funktionierende Teammodelle als Vorbilder und lernen entsprechende soziale Haltungen und Verhaltensweisen. Denn soziale Verhaltensmuster werden in hohem Maße über das so genannte Modell-Lernen erworben. Je nach den Erfahrungen, die man mit Modellen gemacht hat, fallen die Grundeinstellungen gegenüber Teamarbeit recht unterschiedlich aus. Das wiederum ist bestimmend für die Erwartungen und Erfahrungen der Betroffenen hinsichtlich der Teamarbeit (z.B. im Sinne einer „Sich-selbst-erfüllenden-Prophezeiung“).

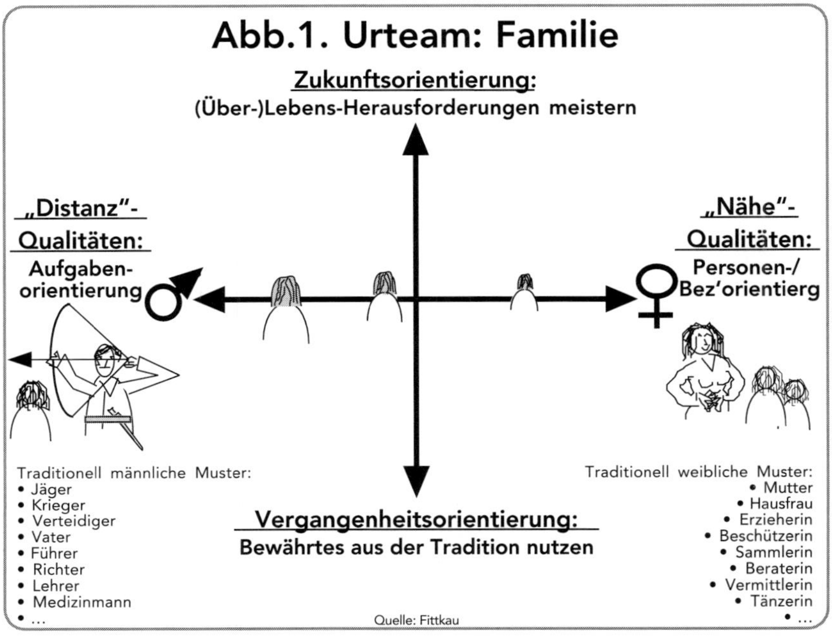

Team-Grundeinstellungen

Je nach Vorbild und Erfahrungen mit frühen Teams entwickelt jeder bestimmte Grundeinstellungen, wie er oder sie zu Teamarbeit steht und sich in Teams verhält. Das rangiert von einer eher skeptischen und mißtrauischen Welt- und Teamsicht bis zu einer positiven offenen Grundeinstellung, wie in Abbildung 2 dargestellt.

„Highlander" oder „Musketier"?

Noch eine zweite soziale Erfahrung ist für den Erfolg eines Menschen mit Teamarbeit bestimmend: die Erfahrung mit Erfolg im Team oder als Einzelkämpfer. Welche Erfolgswerte und -geschichten haben ihn geprägt? Sind es eher Geschichten und Erfahrungen, in denen Individuen als Einzelkämpfer (wie in den Geschichtsbüchern oder durch Filme wie „Highlander" übermittelt) erfolgreich waren? Oder wurde Erfolg durch die Unterstützung einer loyalen Gruppe erreicht, wie beispielsweise in der Geschichte der Musketiere (Abbildung 3).

Abb. 2. Team-Grundeinstellungen

Abb. 3. Einzel-Kämpfer-Mentalität vs. Team-Kämpfer-Mentalität

Ratssitzung

Ein gutes Beispiel für gelungene Teamarbeit mit unterschiedlicher Rollenverteilung ist das Modell der Ratssitzung bei Indianerstämmen, auch Palaver genannt. Uns ist ein renommiertes Beratungsunternehmen bekannt, dass seinen Beratern zur Verbesserung der Teamfähigkeit Fortbildungsmaßnahmen anbietet, die sich an diesem Modell orientieren. Entscheidungen über Veränderungen werden danach in einem Kreisprozess beraten. Unterschiedliche Häuptlinge repräsentieren acht unterschiedlichen Perspektiven. Ehe nicht alle zu einer Frage Stellung genommen haben - also das Problem aus unterschiedlichen Blickwinkeln betrachtet haben - wird nichts entschieden. Abbildung 4 illustriert das.

Abb.4. Ratssitzung „Palaver" der „Acht Häuptlinge"

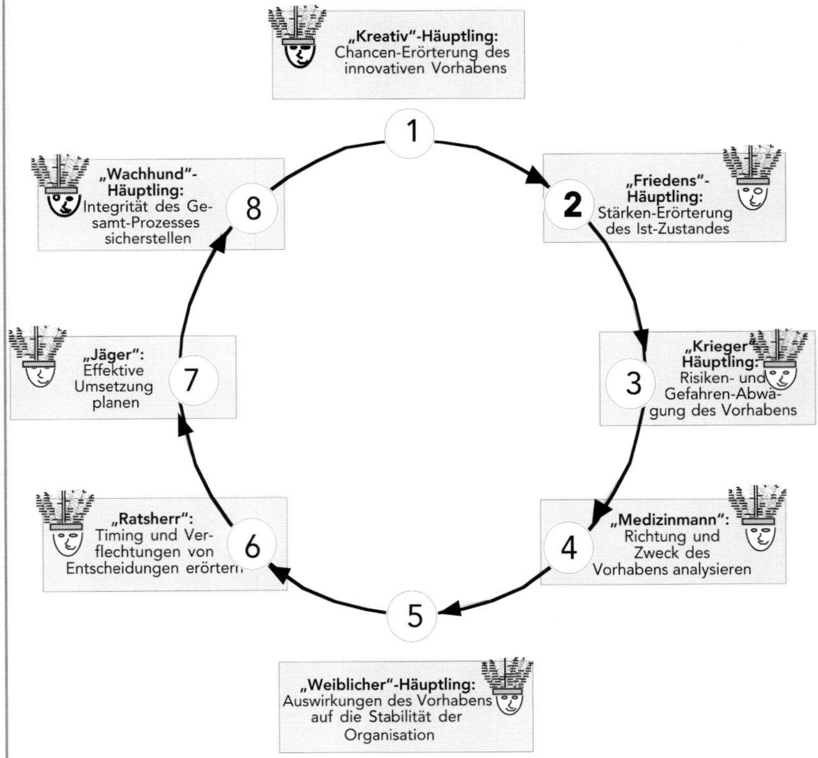

Quelle: Fittkau, Wirtschaftswoche 26/97

Sportteam

Die konkretesten Beispiele für Hochleistungsteams in der heutigen Zeit dürften die Spitzenteams aus den Sportdisziplinen sein. Hier sind Woche für Woche die Möglichkeiten und auch Grenzen von Teams mit teilweise hohem Medieninteresse zu beobachten. Selbst bei klassischen Einzelkämpfer-Sportarten, wie Tennis oder Schwimmen, wird die Bedeutung von Teamleistungen (Trainer, Physiotherapeut, Freunde, Familienclan) für die Erfolge der Einzelkämpfer zunehmend deutlich (Abbildung 5).

Magische Momente in Hochleistungsteams

„Unsere Absicht und unsere Begabungen", schrieb der Basketballspieler Bill Russell über sein Team, die Boston Celtics, die in 13 Jahren elf Mal Weltmeister wurden, „machten uns zu einem Team von Spezialisten, und wie bei jedem Spezialistenteam hing unsere Leistung sowohl von hervorragenden Einzelleistungen ab als auch von einer guten Zusammenarbeit. Niemand mußte uns erklären, dass wir einander in unseren spezifischen Begabungen ergänzen mussten; das war einfach eine Tatsache, und wir alle suchten nach Möglichkeiten, um unser Zusammenspiel noch effektiver zu machen... Außerhalb des Platzes waren die meisten von uns Sonderlinge, gemessen an gesellschaftlichen Standards - nicht die Sorte Mensch, die sich harmonisch mit anderen verbindet oder ihre Persönlichkeit auf das zuschneidet, was von ihnen erwartet wird... Unser Spiel erreichte häufig eine solche Intensität, dass es mehr wurde als nur ein körperliches Spiel und etwas Magisches bekam. Das Gefühl ist schwer zu beschreiben, und in meiner aktiven Zeit habe ich sicher nicht darüber gesprochen. Wenn es geschah, konnte ich spüren, wie mein Spiel eine höhere Ebene erreichte... Dieser Bann erfaßte nicht nur mich und meine Mitspieler, sondern auch die Spieler der anderen Mannschaft und sogar die Schiedsrichter... Das Spiel wurde so schnell, dass jedes Täuschungsmanöver, jeder Wurf, jeder Pass überraschend kam ... ich konnte beinahe spüren, wo der Ball im nächsten Moment sein würde..." (aus Senge 1996).

Man kann mit großer Regelmäßigkeit beobachten, dass sich Sportmannschaften in einen „Spielrausch" spielen oder dass sie einen „Lauf"

Abb. 5. Sport-Teams

haben und dann selbst objektiv stärkere Mannschaften schlagen. „Never change a winning team“ heißt deshalb eine beherzigenswerte Empfehlung von Trainern. Umgekehrt können Mannschaften allerdings auch auf un erklärliche Weise weit unter ihren Möglichkeiten spielen und plötzlich gegen schwächere Gegner verlieren. In Teams stecken ungeahnte Möglichkeiten - allerdings auch das Risiko unvorhersehbarer Leistungseinbrüche.

Teamerfolge in der Wirtschaft

Was für den Sport gilt, kann man auch auf die Teamarbeit in der Wirtschaft übertragen. Wer auf Teamarbeit setzt, macht aus den Einzelteilen mehr als deren Summe.

Das können Sie an zwei Beispielen aus der Autoindustrie ersehen. Das erste wurde schon zu einer Zeit - 1978 - konzipiert, als „Teamarbeit" den meisten noch ein Fremdwort war.

Selbststeuernde Arbeitsgruppen bei Volvo

„Anlass für die Einrichtung selbststeuernder Arbeitsgruppen bei Volvo waren vor allem die extrem hohen Fluktuations- und Abwesenheitsraten, die den Konzern finanziell sehr stark belasteten. So lag der Krankenstand 1973 durchschnittlich bei etwa 20 Prozent der Beschäftigten in der Automobilproduktion, und rund ein Drittel der Arbeiter verließ jährlich das Unternehmen...

Daraufhin wurde eine Umstrukturierung der Produktion vom Fließband- hin zum Arbeitsgruppensystem vorgenommen. Die selbststeuernden Gruppen bestanden aus jeweils 15 bis 20 Arbeitern, wobei jeder Gruppe in sich zusammenhängende Aufgabenbereiche zugeordnet waren (z.B. Montage der elektrischen Anlagen im Fahrzeug, des Schaltersystems, der Steuerung usw.). Jede Gruppe trug darüber hinaus selbständig die Verantwortung für die Art und Weise der Durchführung der Arbeitsaufgaben, für Materialversorgung und -transport, den Weitertransport der Karosserien, Qualitätskontrolle sowie die Festlegung der Arbeitspausen. Durch die Gestaltung der Arbeitszonen mit eigenem Eingang, eigenen Umkleide-, Pausen- und Toilettenräumen für jede Arbeitsgruppe, wurde versucht, innerhalb industrieller Massenproduktion eine Atmosphäre der Werkstattfertigung zu vermitteln. Die Vergütung der Arbeit in den einzelnen Gruppen erfolgte nach einem stark leistungsbezogenen Zeitlohnsystem.

Infolge der genannten Maßnahmen sank innerhalb eines Jahres die Fluktuationsrate auf sechs Prozent, ebenso sanken die Fehlzeiten drastisch. Die geplanten Fertigungsvolumina konnten realisiert werden" (aus Schreyögg 1998)

Selbststeuernde Gruppen bei Mercedes-Benz-Espana (1993)

„Ziel der Einführung der Gruppenarbeit... war es, durch Steigerung der Motivation sowie durch Erschließung und Integration des Know-hows der Mitarbeiter, die Wettbewerbsfähigkeit zu sichern und zu erhöhen. (...)

Die klassische Fließbandfertigung sollte durch das neue Modell der Gruppenarbeit ersetzt werden.... Dabei erfolgte die Gruppenbildung derart, dass sie gemeinsam eine abgegrenzte Systemkomponente des Endprodukts herstellen, z.B. „Vorderachse", „Kühler" oder „Motor". (...)

Das zentrale Element der Umgestaltung bildet die partielle Selbstorganisation der Arbeit. Von den Gruppen wird nun erwartet, dass sie selbst Entscheidungen im Bereich ihres Arbeitsgebietes treffen, so z.B. über die Art und Weise der Rotation oder die Verteilung der Arbeitsaufgaben bei Krankheit von Gruppenmitgliedern. Dies alles bedeutet zugleich vermehrte Übernahme von Verantwortung sowie eine breitere Nutzung vorhandener Kompetenzen und des Erfahrungswissens der Gruppenmitglieder. (...)

Bei der Umsetzung gab es erhebliche Probleme im zwischenmenschlichen Bereich. Weder die Führungskräfte noch die Mitarbeiter in der Produktion glaubten an die Durchführbarkeit und Ernsthaftigkeit des Projektes. Erst im Laufe der Umsetzung wurde dieses Mißtrauen schrittweise überwunden. Es wurde wie schon so oft bei solchen Experimenten deutlich, dass eine erfolgreiche Implementierung nur bei aktiver Beteiligung der Mitarbeiter und der vor- und nachgelagerten Abteilungen möglich ist.

Das Projekt führte bereits im Zuge der Einführung zu einer Reihe von wertvollen Verbesserungsvorschlägen hinsichtlich des Produktionsablaufes. Auch arbeiteten die Mitarbeiter aktiv an einer Weiterentwicklung des Einführungsprogrammes mit, indem sie als „Experten für Gruppenarbeit" ihre Erfahrungen weitergaben. Aufgrund der guten Ergebnisse des Pilotprojektes hat sich Mercedes-Benz-Espana entschlossen, die Gruppenarbeit unternehmensweit einzuführen" (aus Schreyögg 1998, 253 ff.)

Teamarbeit – ein „Reimport-Phänomen“

Der aktuelle Boom der Teamorientierung ist ein „Reimport-Phänomen“: Schon Anfang der 70er Jahre gab es erfolgversprechende Modelle der Teamarbeit. Dennoch stieß diese Idee damals bei den Entscheidern meist auf taube Ohren. Anregungen in diese Richtung wurden in der Schublade „Sozialromantik“ abgelegt.

Impulse aus Japan

Erst der Erfolg der japanischen Automobilbauer bewirkte einen Sinneswandel. Sie hatten die Qualitätsmanagement-Impulse deutsch-amerikanischer Berater ernst genommen und sie konsequent in „Kaizen“ - „Kontinuierlichen Verbesserungs-Prozess“ (KVP) -Management - umgesetzt. So konnten sie die Mitarbeiter-Selbstorganisations- und Verbesserungskräfte in den Qualitätszirkeln nutzen. Plötzlich war die Wettbewerbsfähigkeit der deutschen Automobilbranche gefährdet. Erst das machte die Teamarbeit in den 90er Jahren auch hier wieder aktuell und salonfähig.

„Team“ als Wettbewerbsfaktor („1+1=3“)

Die Strategie, Teams als Wettbewerbsvorteil einzusetzen, hat für Unternehmer höchste Priorität. Das bestätigten 3000 Manager aus zwölf Ländern in einer Befragung 1993. Dennoch sind viele derzeit mit dem Funktionswesen von Teamarbeit ziemlich unzufrieden (Podsiadlowski, Spieß 2000). Das hat sicherlich auch damit zu tun, dass Teamarbeit unter anderen Marktbedingungen stattfindet. Außerdem muss sie in andere strategische Unternehmenskonzepte integriert werden. Die nebenstehende Abbildung illustriert die Positionierung von Teamarbeit innerhalb weiterer Managementkonzepte. Sie alle sollen es Unternehmen ermöglichen, auf die veränderte Marktsituation flexibel reagieren zu können. (Abbildung 6)

Abb. 6. Veränderte Marktsituation...

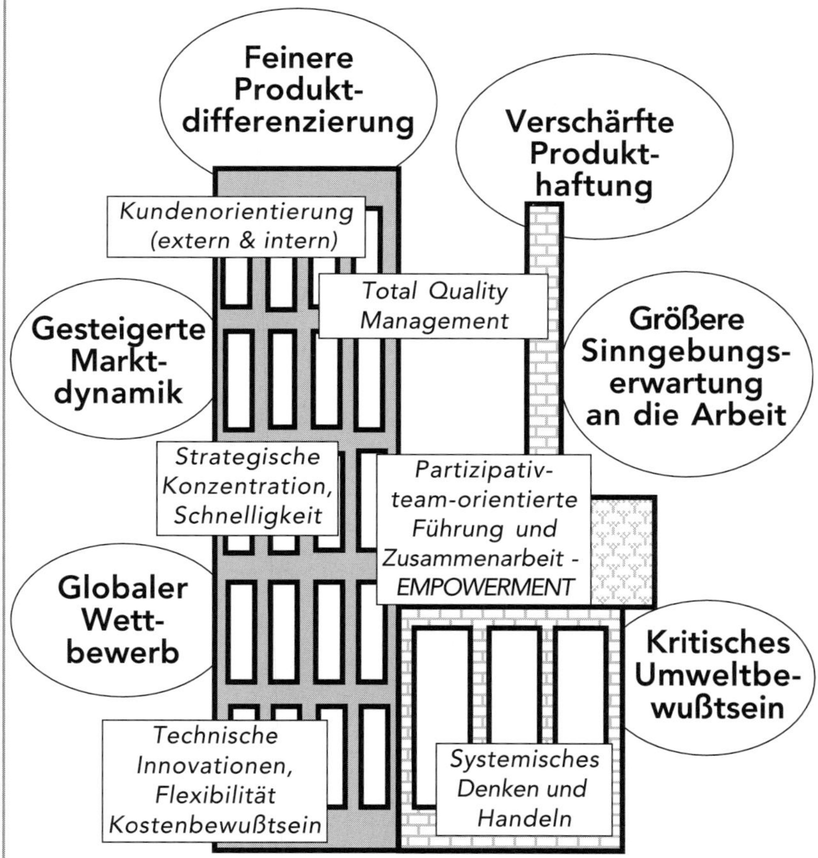

...und Unternehmens-Reaktion

Quelle: Fittkau, Braun/Lawrence

Team-Formen

Ohne effektive Teamarbeit sind weder komplexe Produktentwicklungen, noch flexible Organisationsstrukturen oder internationale Fusionen denkbar. Aber erfolgversprechende Teamarbeit gibt es nicht zum Nulltarif. Sie erfordert reife Menschen mit gut entwickelter emotionaler Intelligenz (Coleman 1998). Aufgabe der Berater ist es, die Leiter von Teams in ihren Teamentwicklungs-Aufgaben und die Teams insgesamt in schwierigen Teamentwicklungs-Phasen zu unterstützen.

Viele Unternehmen unterstützen ihre Teams, indem sie sie von externen Beratern begleiten lassen. Team ist allerdings nicht gleich Team. Sie unterscheiden sich danach, wie komplex und zeitlich befristet ihre Aufgabenstellung ist. In der nebenstehenden Abbildung sind unterschiedliche Team-Formen anhand dieser beiden Kriterien dargestellt. (Abbildung 7)

Abb.7. Team-Formen

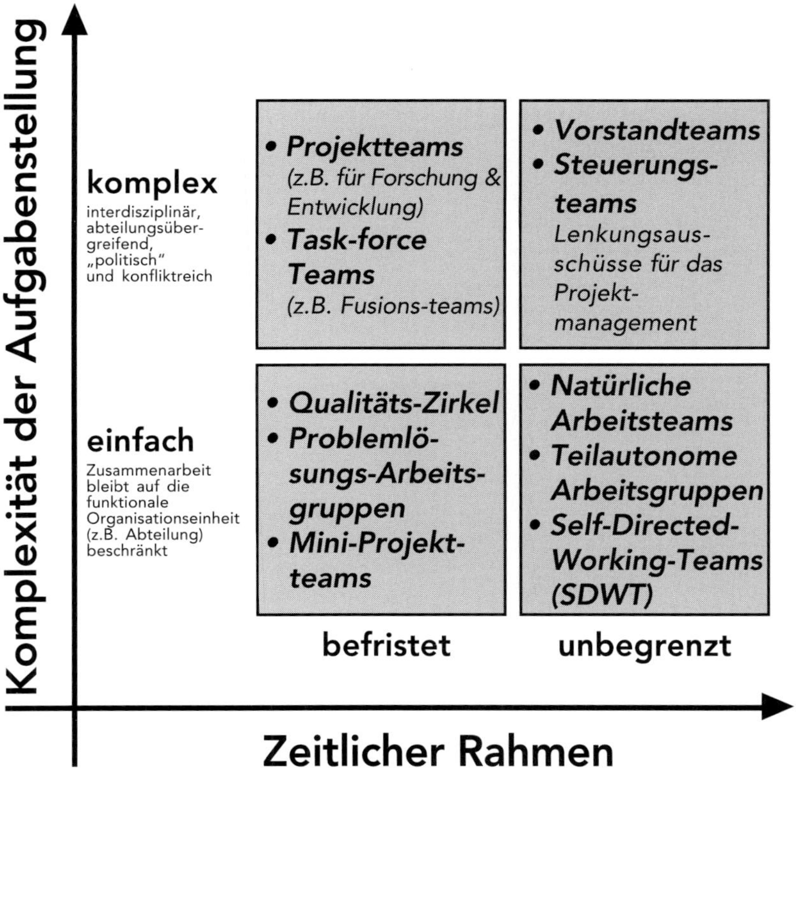

Quelle: Graf/Fittkau

Die Team-Leistungs-Kurve

Teams verfügen durch das wechselseitige Zusammenspiel zwischen den Individuen über ein Leistungspotential, bei dem „das Ganze mehr sein kann, als die Summe seiner Teile". Dafür steht die Formel „1+1=3". Um dieses Potential zu realisieren, muss das Team bereit und in der Lage sein, einen gemeinsamen Teamentwicklungs-Lernprozess zu durchlaufen. In nebenstehender Abbildung wird dieser Prozess idealtypisch skizziert. (Abbildung 8)

Abb. 8. Die Team-Leistungs-Kurve

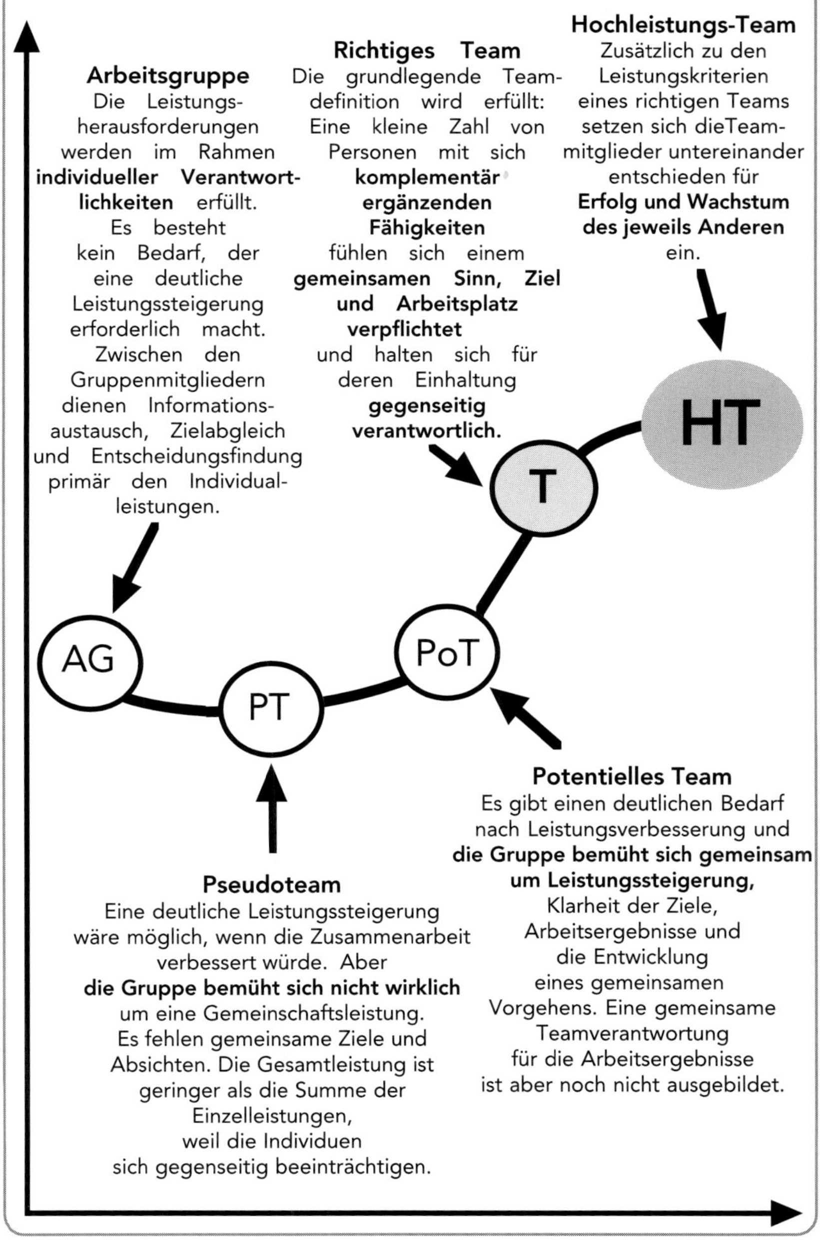

Fall-Studie: Teamentwicklung für eine Vertriebsmannschaft

Um Ihnen eine Eindruck zu geben, wie wir Teamberatung individuell zuschneiden und ausführen, stellen wir Ihnen im Folgenden einen Fall aus unserer Beratungspraxis vor.

Der Rahmen

Der Auftraggeber der Teamentwicklung war der Vorstand „Vertrieb" (westdeutscher Branchen-Profi) der deutschen Tochter eines multinationalen Baustoffkonzerns. Es herrschte eine Vertrauensbeziehung zwischen dem Auftraggeber und uns als Leiter des Beraterteams, die aus früherer erfolgreicher Strategie- & PE-Zusammenarbeit resultierte.

Entwickelt und beraten werden sollte die Vertriebsmannschaft eines nach der „Wende" gekauften großen ehemaligen DDR-Baustoffwerks, im Folgenden „Ost AG" genannt. Damals wurde beim Kauf zugesagt, dass das Werk, insbesondere der Vertrieb ohne weitere Entlassungen (nach deutlichem Personalabbau zu Beginn) mit der vorhandenen „Ostmannschaft" weitergeführt wird.

Ziele

Zielsetzung der Teamentwicklung war:

- Aufbau einer offenen, vertrauensvollen Beziehungsstruktur innerhalb der Teams, insbesondere innerhalb der Führungsmannschaft (auch wegen der Besonderheit der Markt- und Wettbewerbssituation)
- Anpassung der Führung und Zusammenarbeit in den Teams an westliche Standards (Kulturveränderung in Richtung „Eigeninitiative“ und „flexiblere, marktsensiblere interne Kommunikation“; „Vermeidung unnötiger Konflikte mit der französischen „Mutter“ - Thema „Interkulturelle Kommunikation“)
- Aufbau einer Feedback-Kultur, die es erlaubt, gravierende Schwächen direkt anzusprechen und Veränderungsmaßnahmen zügig zu vereinbaren.

Wir wurden zunächst für zwei Jahre beauftragt. Bei Bedarf wurden prozessbegleitende Zusatzmaßnahmen vorgesehen, wie Moderationstraining, Telefontraining, Konfliktmoderation, Coaching, TE-Workshop mit Innendienstteam z.B. Marketing und Tochterunternehmen. In den folgenden Jahren sollten einzelne Team-Review-Workshops stattfinden.

Die Teams

Folgende Teams fanden wir vor: ein Managementteam, drei regionale Verkaufsteams mit dem Selbstverständnis: „Unser Kollektiv...“, ein Innendienst-Team, ein Marketing-Team, ein Bauberatungs-Team. Die nebenstehende Abbildung veranschaulicht den Aufbau der Organisation. (Abbildung 9)

Abb. 9. Organisatorischer Aufbau der „Ost AG"

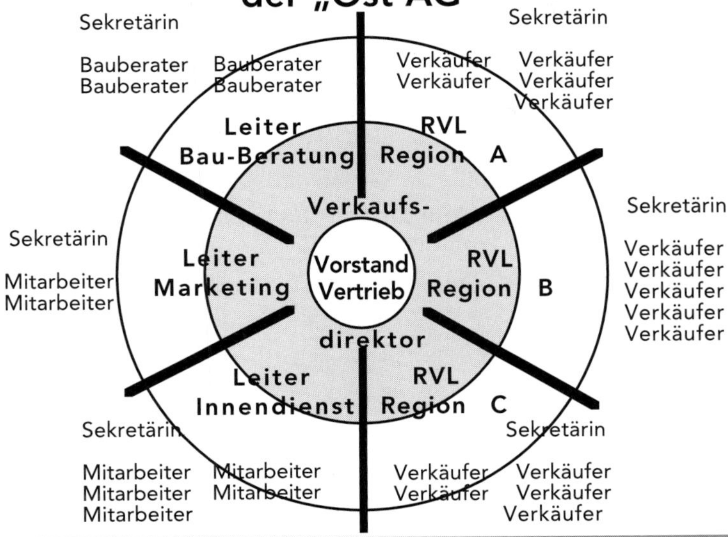

Kultur-Diagnose

Unsere erste Maßnahme, wie meist bei Teamentwicklungen, war eine „Kultur-Diagnose“. Sie gibt Auskunft über die Stärken und Schwächen des Teams. Daraus läßt sich meist eine erste sinnvolle Zielrichtung für die Teamentwicklungs ableiten.

Ziel ist, die Teamqualitäten zu verstärken, in denen das Team am wenigsten entwickelt ist. Meist ist das der komplementäre Gegenpol zum Stärkenschwerpunkt des Teams. Es geht also um komplementäre Stärkenergänzung. Derfolgende Team-Kultur-Einschätzbogen hat sich als brauchbar erwiesen für diese „Kultur-Diagnose“. (Abbildung 10)

Abb. 10. Einschätz-Bogen: Vier Team-Kulturen

Jedes Team entwickelt aufgrund seiner Aufgabenstellungen im Unternehmen, seiner externen und internen Kundenstruktur, der Aufbau- und Ablauforganisation, der Unternehmensphilosophie und -Werte, der Persönlichkeit der Teammitglieder, des praktizierten Führungsstils, seiner Geschichte etc. eine **eigene Identität und Kultur**. Diese teamspezifische Kultur läßt sich meist recht gut als Kombination der unter skizzierten vier Grundkulturen charakterisieren. Bitte machen Sie jetzt für Ihr Team (Abteilung,...) eine entsprechende Einschätzung. Dazu verteilen Sie bitte **100 %-Punkte** auf die vier Felder, so wie Sie persönlich das **Profil Ihres Teams** insgesamt erleben und wahrnehmen.

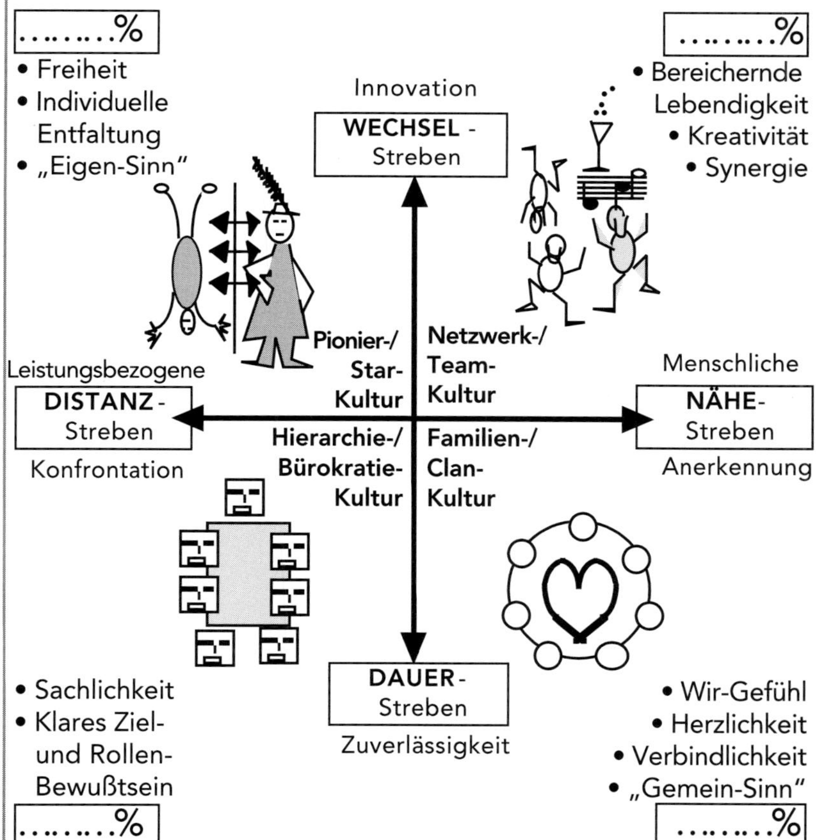

Quelle: Schle, Fittkau

Wir baten den Auftraggeber und seinen Vertriebsleiter für ihre Teams eine grobe Diagnose bezüglich der vorherrschenden Kultur in den einzelnen Teams zu machen. Beide sahen bei allen Teams den Schwerpunkt im Dauer-Nähe-Quadranten mit den Teamstärken „Wir-Gefühl", „Herzlichkeit", „Verbindlichkeit", „Gemeinsinn".

Diese Fremd-Einschätzung durch ihre Chefs wollten wir den einzelnen Teams in Workshops vorstellen. Sie sollten angeben, ob sie sich ähnlich einschätzen oder andere Schwerpunkte sehen. In diesem Fall stimmten jedoch Selbst- und Fremdbilder weitgehend überein.

Daraus leiteten wir eine erste Zielausrichtung ab: Wir wollten des Team vor allem im Quadranten „Distanz-Wechsel" stärken, also in den Eigenschaften „Individuelle Entfaltung" bis hin zu „Star"-Qualitäten, „Eigensinn", „Freiheit", „Leistungsbezogener Konfrontation", Konfliktbereitschaft, „Innovation". Alles Werte, die in der sozialistisch geprägten Vergangenheit der Teammitglieder unterentwickelt waren. Diese Zielausrichtung bedeutete eine stärkere Annäherung an die westdeutsche Wertewelt und Kultur. (Abbildung 11)

Abb. 11. Kultur-Schwerpunkt-Diagnose

TE-Richtung: Komplementäre Stärken-Ergänzung

Erfolgreiche Systeme neigen dazu, sich in ihrem „Heimatgebiet" zu stabilisieren und situativ erfolgreiche Routinen zu entwickeln. Auf Dauer können diese aber erstarren und sind nicht mehr zeitgemäß effektiv. Die Mobilisierung eines solchen Systems lässt sich am besten durch Maßnahmen bewerkstelligen, die die komplementären Gegenpole betonen und verstärken. Die Abbildung illustriert, in welche Richtung sich die Teams der „Ost AG" entwickeln sollten.

Druck vom Markt und Konkurrenz ins Unternehmen tragen (Unternehmens-Reengineering, Mobilisierung); Förderung von Eigenverantwortung und gesundem internen Wettbewerb, Streitkultur verstärken

Sog zum Markt erzeugen: mit Visionen begeistern und Raum für Identifikation und gemeinsame Stoßrichtung schaffen: Kundenorientierung, vernetzte Team-Organisation, (Projekt-) **Team-Entwicklung**, Management by Complement

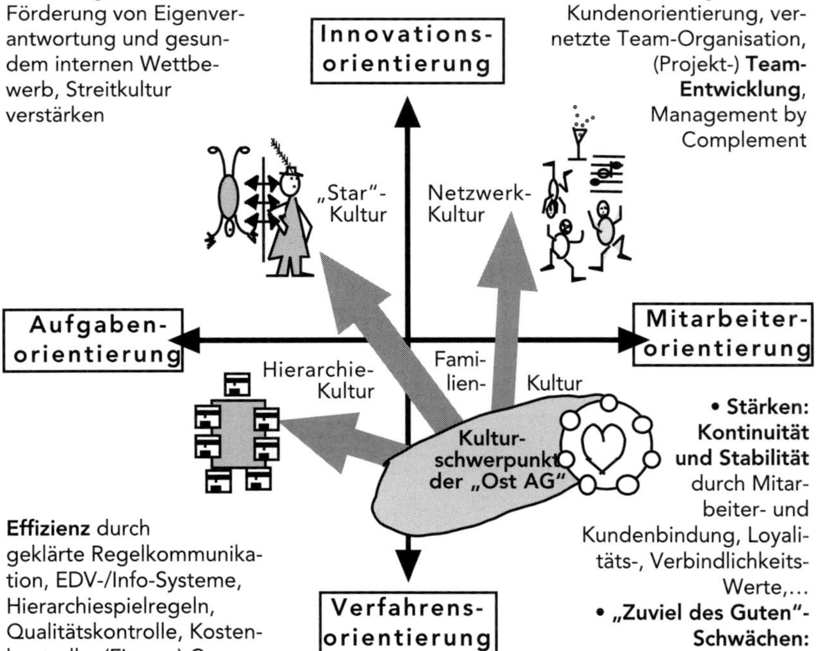

Effizienz durch geklärte Regelkommunikation, EDV-/Info-Systeme, Hierarchiespielregeln, Qualitätskontrolle, Kostenkontrolle, (Finanz-) Controlling

- **Stärken: Kontinuität und Stabilität** durch Mitarbeiter- und Kundenbindung, Loyalitäts-, Verbindlichkeits-Werte,...
- **„Zuviel des Guten"-Schwächen:** „Seilschaften", blinde Gefolgschaft, Karriere für inkompetente Loyale, fehlende Eigenständigkeit und Selbstverantwortung, friedhöfliche Scheinharmonie

Workshop-Design

Diese Zielausrichtung sollte also im Rahmen eines zweieinhalb-tägigen Workshops (so dasvereinbarte Zeitbudget) für die einzelnen Teams konkret umgesetzt werden. Wir legten aufgrund unserer Erfahrungen mit der Dramaturgie von Workshop-Abläufen den in nebenstehender Abbildung skizzierten Vorschlag für die erste (Pilot-) Veranstaltung vor. (Abbildung 12)

Zweckmäßige Modifikationen und Verbesserungen für die nachfolgenden Workshops würden dann aufgrund der Feedbacks und gegebenenfalls veränderten Anforderungen aus dem Unternehmensumfeld erfolgen. Unser Workshop-Design hat sich - nicht nur in diesem Unternehmen - zum Einstieg in einen Teamentwicklungs-Prozess bewährt.

Abb. 12. TE-Workshop 1: „Vertrauen und Teamgeist"

Grobdesign

Anreise	• Auswertung der Team-Einschätzungen **„Offenheit"** • Eigen-Präsentation: „Persönl. Portrait"	• Auswertung der Beziehungs-Landschaft **„Problem- und Konflikterhebung"** • Problemspeicher
• Begrüßung • Vorstellung • Ziele / Erwartungen • Team-Spielregeln • Team-Entwicklungs-Uhr • Team-Status **„Teamdiagnose"** • Team-Rollen • Lektüre „Teamwork"	• „Heißer Stuhl"-Ritual **„Feedback"** • Beziehungs-Landkarte	• Klärungsgespräche **„Maßnahmenplanung"** • Persönliche Entwicklungspläne Abreise

Teamentwicklungs-Workshop 1: „Vertrauen und Teamgeist“

Der Workshop, den die einzelnen Teams jeweils zweieinhalb besuchten, stand unter der Devise: Vertrauen und Teamgeist“.

Wir hatten unseren Auftraggeber, den Vorstand Vertrieb als höchsten Machtsponsor des Unternehmens gebeten, als Ansprechpartner und „Libero“ an allen Workshops teilzunehmen. Das schien uns in dieser Phase der Integration der „Ost AG“ mit den natürlichen Verunsicherungen der betroffenen Menschen sicherheitsstiftend. Diese unübliche Teilnahme des höchsten Hierarchen stellte sich im Verlauf als ein wichtiger Erfolgsfaktor für die Teamentwicklungs-Maßnahme in diesem spezifischen sozial-politischen Umfeld heraus.

Der Workshop in allen einzelnen Teams der Ost AG bestand aus den im Folgenden beschriebenen Elementen.

1. Begrüßung durch den Vorstand

Der Vorstand übernahm es, die Teilnehmer beim Start des Workshops zu begrüßen und die oben beschriebene grobe Zielausrichtung („Offenheit“, „Feedback“, „Konfliktklärung“) kurz zu erläutern sowie seine Rolle als „Libero“ im Workshop vorzustellen.

2. Erwartungen und Befürchtungen

Nach einer kurzen Vorstellung von uns als Teamentwickler und Workshop-Moderatoren - Workshops mit konfliktorientierten Zielen führen wir nach Möglichkeit zu zweit durch - und einer kurzen Vorstellungsrunde der Teammitglieder baten wir die Teilnehmer, ihre Erwartungen und Befürchtungen auf Karten zu schreiben und zu präsentieren. Die Abbildung zeigt, wie eine solche Sequenz zu Beginn eines Workshops gestaltet werden kann. (Abbildung 13)

Abb. 13. Erwartungen und Befürchtungen der Teammitglieder

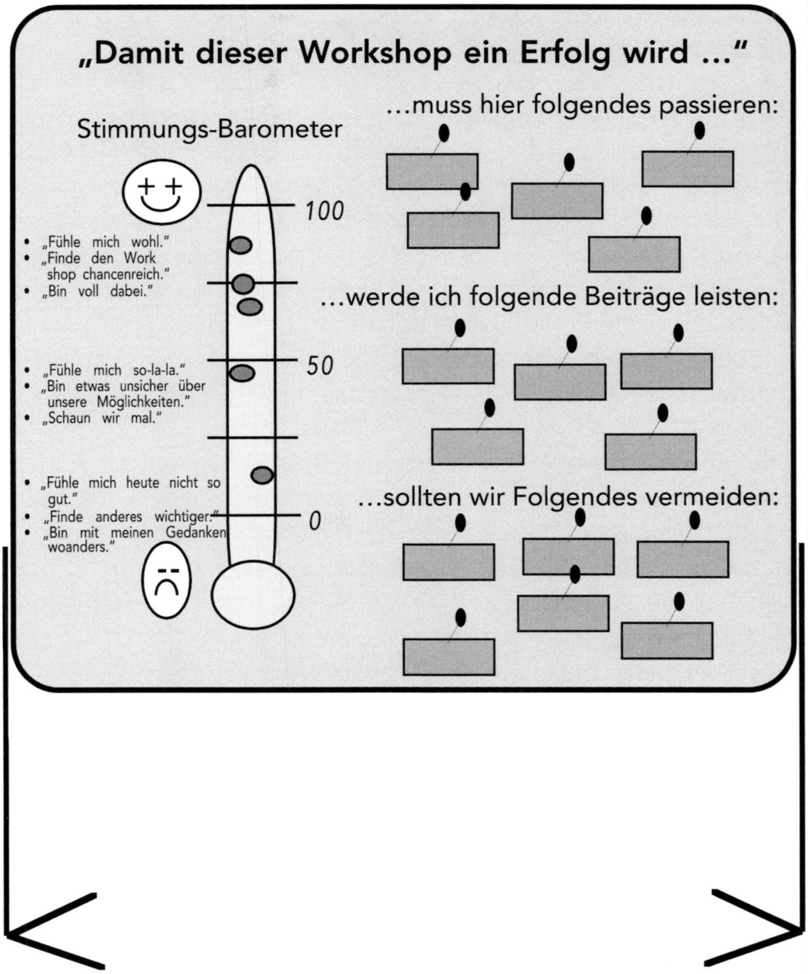

Das „Offenheits-Harmonie-Dilemma“

Oft zeigen sich in den Antworten der Teilnehmer bereits bestimmte Grunddilemma im Team. In unserem Fall wurde schnell der (erwartete) Kulturkonflikt zwischen marktwirtschaftlichen Wettbewerbswerten und sozialistischen „Einigkeitswerten“ deutlich: Einerseits wünschten sich fast alle „Offenheit“ und „Ehrlichkeit“, auch „verständnisvollen“ und „menschlichen“ Umgang. Gleichzeitig wurde aber auch befürchtet und abgelehnt, dass es „persönlich“ werden und zu „Konflikten“ und „Seelenstriptease“ kommen könnte.

Als Teamentwickler kann man ob solcher Ängste schnell in eine unlösbare Auftragssituation geraten: Die Teilnehmer erwarten eine Teamentwicklung nach dem Motto: „Wasch mich, aber mach mich nicht nass!“

An dieser Stelle ist es nützlich, das eigene Dilemma anzusprechen und dieses mit Hilfe des „Wertetrapez“-Modells als ein grundsätzliches Problem von Teams bewusst zu machen, besonders wenn die unterschiedlichen Wertepriorisierungen von zwei Fraktionen im Team vertreten werden. Die Abbildung illustriert wie an sich positive Werte (wie harmonische Beziehung oder Streitbarkeit) bei übertriebener Anwendung ins Negative abrutschen kann - oder dies zumindest befürchtet wird (Abbildung 14).

Bei unseren Teams lag der Werteschwerpunkt deutlich auf der Seite „harmonischer Beziehung“ - vielleicht auch als Gegenreaktion auf die einseitige Zielausrichtung „Offenheit“-“Feedback“-“Konfliktklärung“. Wir machten deutlich, dass die „Gefahr der Selbstzerfleischung“ in Teams tatsächlich besteht, aber das Team durch generelle Mitverantwortung und noch zu vereinbarende Spielregeln darauf achten kann, dass Feedbacks nicht „unter die Gürtellinie“ gehen.

Unser Eindruck war, dass die Teams eher vom Negativausschlag der „Friedhöflichkeit“ bedroht sähen, was wir ihnen gegenüber auch zum Ausdruck brachten. Wir schlugen vor, innerhalb des Workshops eine Balance zwischen den vier Werten zu finden. Diese Sicht fand generelle Zustimmung im Team.

Abb.14. Wertetrapez zum Offenheits-Harmonie-Dilemma in Teams

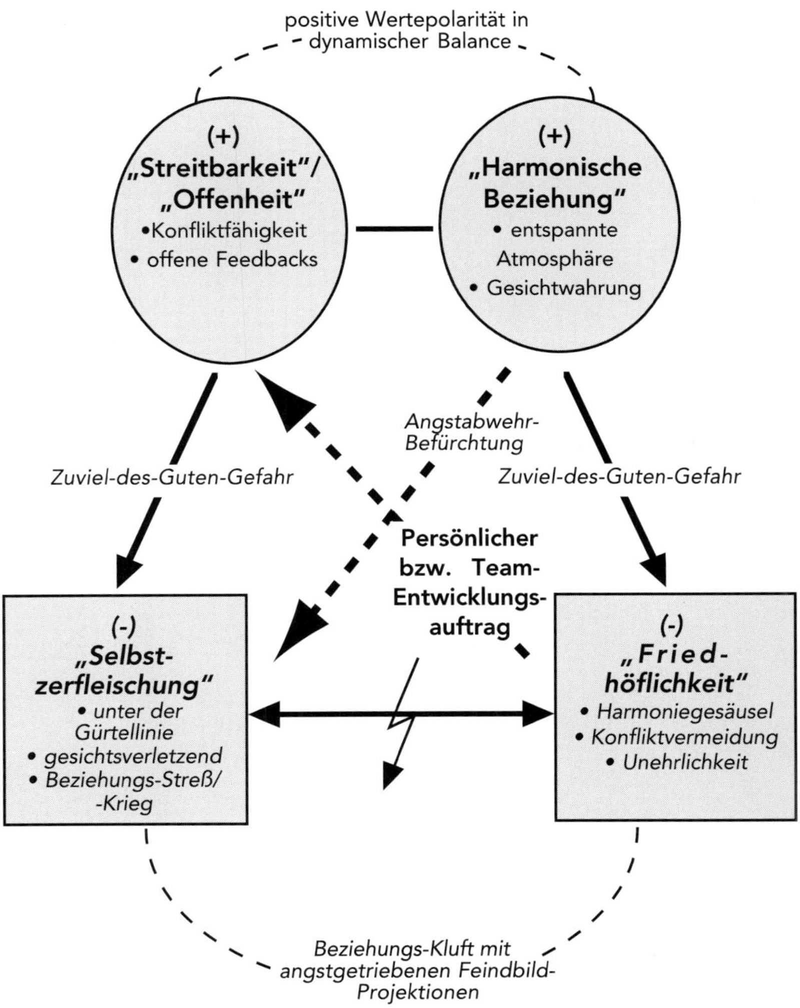

Quelle: Schulz von Thun, Fittkau

3. Spiel-Regeln verabreden

Gerade in konfliktorientierten Workshops ist es günstig, gleich zu Beginn den Interaktionsrahmen durch gemeinsam erarbeitete Spielregeln zu definieren und zu vereinbaren. Wir schlugen dem Team die bekannten Spielregeln der „Themenzentrierten Interaktion" (Cohn 1975) vor, die wir durch eigene Regeln ergänzten. Alle Teilnehmer bekannten dann durch ihre Unterschrift ihre Zustimmung zu diesem Regelsystem. (Abbildung 15)

Abb. 15. „Spiel"-Regeln

- Jeder ist sein <u>eigener</u> „Vorsitzender"
- Störungen haben <u>Vorrang</u>
- Sprich per :<u>„Ich"</u>
statt per: „man" – „wir" – „alle"
- <u>direkt</u> sprechen
- rück-versichern – <u>aktiv</u> zuhören
- bei Feedback
nicht: rechtfertigen, erklären, entschuldigen
sondern: zuhören!!!
- Fazit:
Jeder hier im Raum ist <u>mit</u>-verantwortlich für das, was hier passiert!

Unterschrift
UNTERSCHRIFT
Unterschrift
Unterschrift
Unterschrift
Unterschrift
Unterschrift
Unterschrift

4. Phasen der Team-Entwicklung

Jedes Team durchläuft im Laufe seiner Entwicklung typische Phasen. Das prägnanteste Phasen-Modell stammt von Tuckman. In Form einer Uhr nutzen wir dieses Modell, um einzuschätzen, in welcher Phase sich das Team aktuell befindet. Gleichzeitig machen wir dem Team die Gesetzmäßigkeit der Phasen von Teams bewusst. Die Abbildung veranschaulicht die vier Phasen der Teamentwicklung. (Abbildung 16)

Für unsere Teams war folgende Botschaft besonders wichtig: Ohne die Storming-Phase können Teams bestenfalls eine Gruppenleistung mit Forming-Qualitäten realisieren, aber kein wirkliches Team-Performing. Indem diese Phasen immer wieder durchlaufen werden - nicht unbedingt in derselben Reihenfolge - können Teams ihre Arbeitsqualität kontinuierlich steigern.

Abb. 16. Team-Entwicklungs-Uhr

In welcher Phase bewegt sich momentan aus Ihrer Sicht die **Kooperation und Kommunikation** ihres Teams **schwerpunktmäßig**? Wie früh oder spät ist es in Ihrem Team?

Bitte markieren Sie **mit einem Pfeil** die entsprechende Stelle in der Team-Entwicklungs-Uhr.

Selbst wenn es Ihnen relativ leicht gefallen ist, die Phase zu bestimmen, in der sich ihr Team aktuell schwerpunktmäßig bewegt, wird es in Ihrem Team situativ immer wieder auch Formen der Zusammenarbeit geben, die durch Eigenschaften aus den anderen Phasen charakterisiert werden können. Bitte **verteilen Sie 100%-Punkte** so auf die vier Phasen, wie Sie die Art der **Zusammenarbeit insgesamt** erleben.

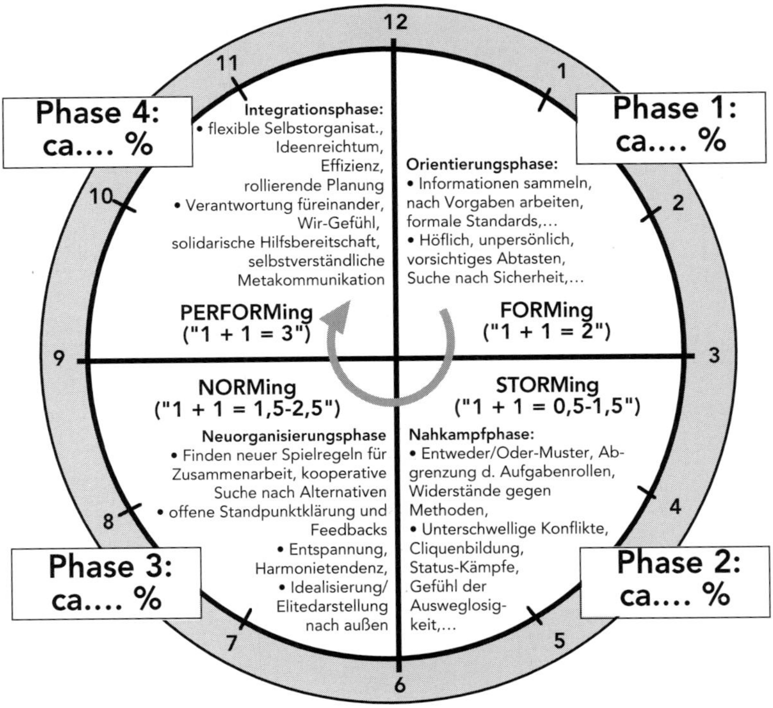

Quelle: Tuckman, Fittkau

5. Führung und Zusammenarbeit im Team

Um die Zusammenarbeit und auch die Führung des Teams noch besser einschätzen zu können - und dem Team bewusst zu machen - verwenden wir außerdem häufig den abgebildeten Fragebogen. Er gibt ein differenzierteres Bild über die Stärken und Optimierungspunkte in der Teamzusammenarbeit. Wir lassen ihn von den Teammitgliedern anonym ausfüllen und fassen die Individualwerte zu einer Team-Strichliste zusammen. Meist bestimmen wir zusätzlich pro Item einen einfachen „Opti-Bedarfs-Index“ (OBI) (als Prozentsatz der Werte, die im Minus-Bereich liegen). (Abbildung 17)

Abb. 17. Team-Führung und -Zusammenarbeit

Unten finden Sie eine Reihe von wichtigen Merkmalen, die verhindern können, dass Gruppen ihr Potential optimal ausschöpfen und zusammenspielen.

Bitte markieren Sie auf den entsprechenden Skalen, wie genau diese Aussagen für die Zusammenarbeit in Ihrem Team zutreffen. (Je weiter Sie Ihr Kreuz links machen, desto größer schätzen Sie den Optimierungsbedarf im Team ein).

Meine Team:	stimmt ganz genau						stimmt gar nicht	OBI
	---	--	-	0	+	++	+++	(–%)
1. Gruppenleiter und Gruppenmitglieder nehmen sich kaum einmal Zeit, einander ihre Erwartungen und Wünsche mitzuteilen.								
2. Einige Gruppenmitglieder werden mit den laufenden Anforderungen ihrer Arbeit nicht mehr fertig.								
3. In den Sitzungen vermisst man oft methodisches Vorgehen.								
4. Die Leute in dieser Gruppe verhalten sich nicht wirklich frei und offen zueinander.								
5. Die Ziele unserer Gruppe sind nicht richtig klar.								
6. Wichtige Dinge werden oft unter den Teppich gekehrt.								
7. Die Gruppe lernt nicht aus ihren Fehlern.								
8. Meistens werden Konflikte zwischen den Mitgliedern nicht sauber gelöst.								
9. Kritisierte Gruppenmitglieder haben oft das Gefühl, ihr Gesicht zu verlieren.								
10. Oft halten wir uns nicht an die Entscheidungen, die wir getroffen haben, oder setzen sie nur zum Teil in die Tat um.								
11. Die Gruppe bringt nur wenig neue Ideen hervor.								
12. Wir nehmen uns kaum einmal Zeit, um über Aufgabenbereiche, Arbeitsmethoden und Verbesserungsvorschläge zu sprechen.								
13. Einzelne Mitglieder sind für Arbeiten verantwortlich, die nicht ihren inneren Stärken und Motiven entsprechen.								
14. Es fehlt eine verbindende und offensiv-vorwärtsführende Teamvision.								

Meist sind Führungskräfte eher zurückhaltend, wenn es um die Delegation von traditionellen Führungsaufgaben geht. Sie befürchten, von außen als „schwach" bewertet zu werden. Lieber erledigen sie alles selbst. Wenn die Führungskraft die Teammitglieder nicht in die Verantwortung nimmt, kann man jedoch nicht erwarten, dass sich die Potentiale des Teams wirklich entfalten können. Die Erfahrung hat gezeigt, dass Teams mit delegierter und gelebter Selbstorganisations-Verantwortlichkeit effektiver und erfolgreicher arbeiten. Der folgende Fragebogen erlaubt hier einen ersten Eindruck von der Mitführung durch die Teammitglieder. (Abbildung 18)

Abb. 18. Führungsaufgaben-Verteilung im Team

Im Folgenden finden Sie eine Reihe von Führungsfunktionen, die normalerweise eine oder mehrere Personen im Team realisieren. Lesen Sie jede Frage sorgfältig durch, und machen Sie ein Kreuz in die Spalte(n), die am genauesten beschreibt, wer diese Aufgaben in Ihrem Team wahrnimmt.

Führungs-Funktionen	niemand so richtig	der Vorgesetzte	Team-Mitglied
1. Wer koordiniert die Arbeit der Gruppenmitglieder?			
2. Wer garantiert, dass Entscheidungen getroffen werden?			
3. Wer eröffnet unsere Sitzungen oder schickt uns an die Arbeit?			
4. Wer überprüft, ob Ziele gesetzt sind?			
5. Wer sorgt dafür, dass die Zusammenarbeit klappt?			
6. Wer motiviert uns, wenn wir anfangen sollen oder nicht mehr weiter wissen?			
7. Wer überwacht unsere Arbeit und bemerkt, wenn wir etwas vergessen haben?			
8. Wer schafft Informationen von außen herbei, damit unsere Arbeit relevant bleibt?			
9. Wer vertritt unsere Gruppe bei den anderen?			
10. Wer fasst unsere Diskussionen zusammen und schafft Klarheit?			
11. Wer ermuntert die Mitglieder, ihre Fähigkeiten zu entfalten?			
12. Wer hilft anderen Mitgliedern in schwierigen Situationen?			

6. Team-Rollen und Mannschaftsaufstellung

Denken Sie noch einmal an den Sport, zum Beispiel an den Fußball: Jeder kann nachvollziehen, dass die Spielstärke einer Mannschaft davon abhängt, wie gut die verschiedenen Positionen besetzt sind. Und auch davon, wie stark die Spielerpersönlichkeiten sind, die für die Teamstrategie wichtige Schlüsselpositionen besetzen.

Entsprechendes gilt auch für Arbeitsteams. Bisher wird in Unternehmen dem Faktor „Mannschaftsaufstellung" wenig Aufmerksamkeit geschenkt. Man muss meist mit den Personen ein Team bilden, die in einer bestimmten Situation gerade von der Hierarchie zur Verfügung gestellt werden. Am ehesten werden noch die Teamleiter systematisch ausgewählt - allerdings meist nach hierarchischen Führungskriterien.

Hier liegt noch erhebliches Teampotential verborgen. In dem Maße, wie der Unternehmenserfolg von der Leistungsfähigkeit wichtiger Teams abhängig gesehen wird, dürfte auch der Blick für die Qualität der Mannschaftszusammensetzung geschärft werden.

Der englische Teamforscher Meredith Belbin hat erfolgreiche Teams danach untersucht, welche Rollen in ihnen vertreten waren, und dann diese idealtypisch charakterisiert. Wir benutzen dieses Rollenmodell in leicht modifizierter und ergänzter Form mit neun Teamrollen, die analog zu einer Sportmannschaft auf einem „Persönlichkeits-Spielfeld" dargestellt werden kann. Die beiden nachfolgenden Abbildungen zeigen Ihnen zum einen, welche Rollen in einem Team zu besetzen sind und was die einzelnen Rollen charakterisiert. (Abbildungen 19 + 20)

Selbstbild und Fremdbild

Wir können uns ein erstes Bild über die Spielerzusammensetzung in einem Team machen, indem wir die Teammitglieder bitten, diesen Bogen so auszufüllen, dass jedes Teammitglied sich selbst und jedes andere mindestens einer Teamrolle zugeordnet. Dann erhalten wir für jedes Teammitglied eine Übersicht, welche Rolle(n) er aus seiner Sicht (Selbstbild) und in den Augen der anderen (Fremdbild) bisher besonders prägnant gespielt hat. Sollten wichtige Teamrollen unterbesetzt sein, kann man zusätzlich danach fragen, wer gegebenenfalls für diesen bisher nicht

Abb. 19. Team-Spielfeld

Wo müßte Ihr Team von der Aufgabenstellung her besonders stark besetzt sein?

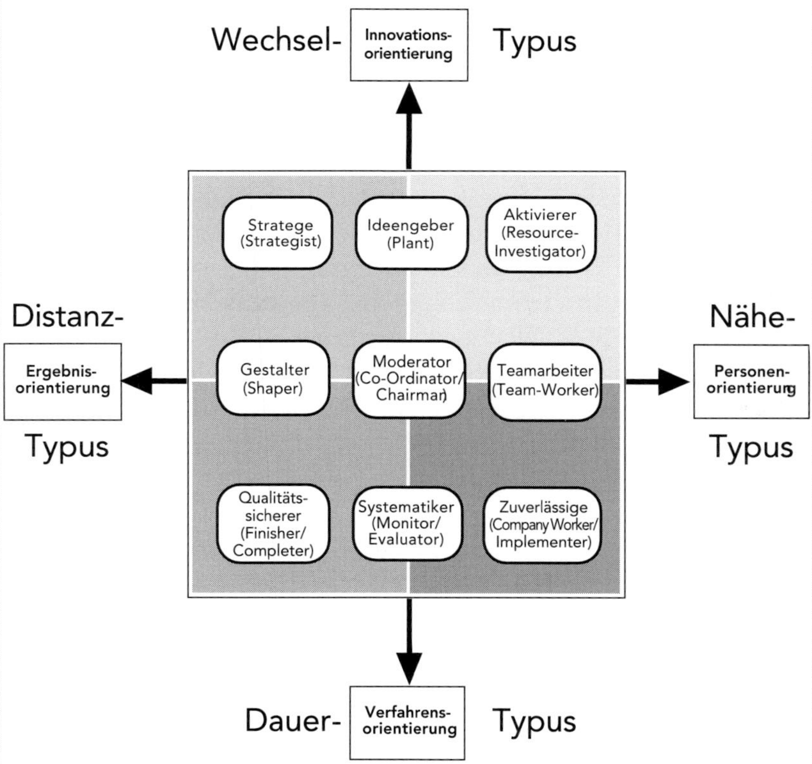

Quelle: Belbin, Fittkau

genügend abgedeckten Bereich Interesse und/oder Entwicklungspotential hat.

Vorteile formaler Diagnosen

Diagnoseinstrumente haben dabei eine doppelte Funktion: Einmal geht es natürlich um die Bewusstmachung der spezifischen Stärken und Optimierungspunkte des Teams. Daraus können am Ende des Workshops Entwicklungsmaßnahmen abgeleitet werden. Zum anderen wird bei den Teammitgliedern durch die Herausforderung, die Bögen auszufüllen und Situationen und Personen einschätzen zu müssen, die Selbstreflexionsfähigkeit und die Wahrnehmungssensibilität für wichtige Faktoren des Teamerfolges verbessert.

Eine solche instrumentelle Diagnostik hat Vor- und Nachteile: Sie vermittelt den Eindruck von Wissenschaftlichkeit und Objektivität und insofern eine gewisse Verfahrenssicherheit. Gleichzeitig distanziert dieses Vorgehen die Teilnehmer und auch uns Teamentwicklungs-Berater von dem lebendigen Zusammenspiel der Teammitglieder.

Bei der „Ost AG“ bevorzugten wir bewusst diesen relativ formalen Einstieg, um den Teilnehmern zunächst Sicherheit durch dieses Angebot einer distanzierende Beobachterposition zu vermitteln. Denn insgesamt befanden sich die Teilnehmer ja in einer sehr verunsichernden politischen Veränderungssituation.

Vorteile „lebendiger“ Diagnosen

Bei Teams, die sich in einem gesicherterem Feld bewegen, kann man die Teamdiagnose lebendiger gestalten, indem man den Teilnehmern eine praktische Teamaufgabe (z.B. mit spielerischem Outdoor-Charakter) stellt und das Vorgehen und Verhalten beobachtet, auswertet und rückmeldet. Eine solche Diagnose führt das Team sofort in ein lebendiges Miteinander und kommt damit dem Charakter der realen Teamarbeit on-the-job näher.

Abb. 20. Rollen in erfolgreichen Teams

Typ	Kürzel	Typische Eigenschaften	Positive Qualitäten	Mögliche Schwächen	Wer in Ihrem Team kann diese Rolle spielen?*)
Der Zuverlässige (Company Worker/ Implementer)	Zu	Konservativ, vorsichtig, loyal, pflichtbewusst, einschätzbar	Organisieren, praktischer, gesunder Menschenverstand, hart arbeitend, selbstdiszipliniert	Mangel an Flexibilität, unempfänglich und unsensibel gegenüber ungeprüften Ideen	
Der Moderator (Chairman/ Co-Ordinator)	Mo	Ruhig, selbstsicher, beherrscht	Besitzt die Eigenschaft, potentielle Mitarbeiter mit ihren Werten und Verdiensten ohne Vorurteile aufzunehmen, einzubinden und mit ihnen umzugehen; starke Wahrnehmung für objektive Gegebenheiten	Nicht mehr als das übliche Maß an Intellekt oder kreativer Fähigkeiten	
Der Gestalter (Shaper)	Ge	Nervös, erregbar, geht aus sich heraus, dynamisch	Hat den Willen und die Bereitschaft, Trägheit, Ineffektivität, Selbstgefälligkeit oder Selbsttäuschung zu bekämpfen	Neigung zu Provokationen, Irritation, Ärger und Ungeduld	
Der Ideengeber (Plant)	Id	Individuell, ernsthaft, unorthodox, vom Herkömmlichenlichen abweichend	Innovative Begabung, Vorstellungskraft, Intellekt, Wissen	Schwebt in den Wolken; neigt dazu, praktische Details oder das Protokoll zu übersehen	
Der Aktivierer (Resource-Investigator)	Ak	Extravertiert, enthusiastisch, neugierig, wissbegierig, kommunikativ	Besitzt die Eigenschaft, Kontakt zu Personen aufzunehmen und alles Neue zu erforschen; kann Herausforderungen annehmen	Läuft Gefahr, das Interesse an einer Sache zu verlieren, sobald die anfängliche Faszination vorüber ist	
Der Systematiker (Monitor Evaluator)	Sy	Nüchtern, besonnen, eher passiv, vorsichtig	Beurteilung, Diskretion, Nüchternheit, Praxis	Fehlende Inspiration und mangelnde Fähigkeit, andere zu motivieren	
Der Teamarbeiter (Team Worker)	Te	Sozial orientiert, freundlich, empfindsam	Besitzt die Fähigkeit, auf Menschen und Situationen einzugehen und den Teamgeist zu fördern	Unentschlossenheit in Krisensituationen, Konfliktvermeidung	
Der Qualitätssicherer (Completer/ Finisher)	Qu	Sorgfältig, gewissenhaft, fleißig, eifrig	Besitzt die Eigenschaft, Dinge durchzuziehen; Perfektionismus	Neigt dazu, sich über kleine Dinge aufzuregen; läßt die Dinge ungern „laufen"	
Der Stratege (Strategist)	St	Weitblickend, mutig, tatkräftig, ideenreich, konzeptionell	Denkt über den Tellerrand hinaus, erkennt Kraftfelder in Systemen, Interesse an Erneuerung	Kann sich in unrealistische Ideen und Projekte verrennen, Widerstände gegen bewährte Routinen	

Quelle: Belbin

Bitte schätzen Sie
(1) sich selbst ein, welche Rolle Ihnen am meisten liegt (Selbstbild),
(2) welche Rollen die einzelnen Mitglieder Ihres Teams am besten spielen können (Fremdbilder).
Benutzen Sie als Abkürzung die Anfangsbuchstaben des Nachnamens.

7. Fazit der Diagnose

Im Fall der „Ost AG“ erläuterten wir die genannten Team-Diagnose-Instrumente den Teilnehmern, klärten Fragen und ließen sie die Bögen ausfüllen, die wir dann anonym auswerteten.

Die Ergebnisse der Auswertungen visualisierten wir und stellten sie am Beginn des zweiten Tages vor. Wir baten die Teilnehmer, die Offenheit der Teamdiagnosen auf einer Skala von „0“ = keinerlei Offenheit bis „100“ = vollständige Offenheit einzuschätzen. Die Werte aus den Antworten variierten zwischen 60 und 80.

Wir fragten das Team dann, ob es mit dieser Eigendiagnoseleistung für den Einstieg zufrieden sei. Das schien der Fall zu sein. Wir wiesen darauf hin, dass Offenheit in dem Maße steigen kann, wie das Vertrauen wächst.

Abschließend luden wir die Teammitglieder zu einem kurzen Brainstorming ein: Wir baten Sie, mögliche Maßnahmen aus den Ergebnissen abzuleiten, die auch die im Tagesgeschäft erlebten Optimierungspunkte berücksichtigen. Die eingebrachten Ideen wurden von uns als erste Vorschläge für konkrete Maßnahmen mitvisualisiert. Mit dieser formalen Diagnose war die „Forming-Phase“ unseres Workshops beendet.

8. Förderung der „Offenheit“ durch ein persönliches Porträt

Unser nächstes Ziel war, die Offenheit im Team noch zu erhöhen. Die Teilnehmer sollten mehr von sich selbst erzählen. Selbstöffnung setzt jedoch Vertrauen voraus. Durch eine Aufgabe zur Selbstöffnung wird die Bereitschaft der Teilnehmer, einen Vertrauensvorschuss zu geben, vorausgesetzt und damit ausgelöst.

Wir schlugen den Teilnehmern vor, ein persönliches Porträt auf einem Flipchartblatt zu erstellen und anschließend dem Team zu präsentieren. Jedes Teammitglied wurde gebeten, zu vier Bereichen Stellung zu nehmen:

- meine Stärken
- Meine Schwächen / Optimierungspunkte
- Meine typischen Verhaltensmuster in Konfliktsituationen; welches Muster ist für mich am untypischsten.
- Teammitglieder, mit denen ich die Zusammenarbeit verbessern möchte

In die Mitte des Porträts konnte ein abstraktes, symbolisches Selbstbild gezeichnet oder ein Polaroidfoto geklebt werden, dass wir von den Teilnehmern geschossen hatten. Die Abbildung illustriert, wie so ein „Persönliches Porträt“ aussehen kann. (Abbildung 21)

Abb. 21. Persönliches Portrait

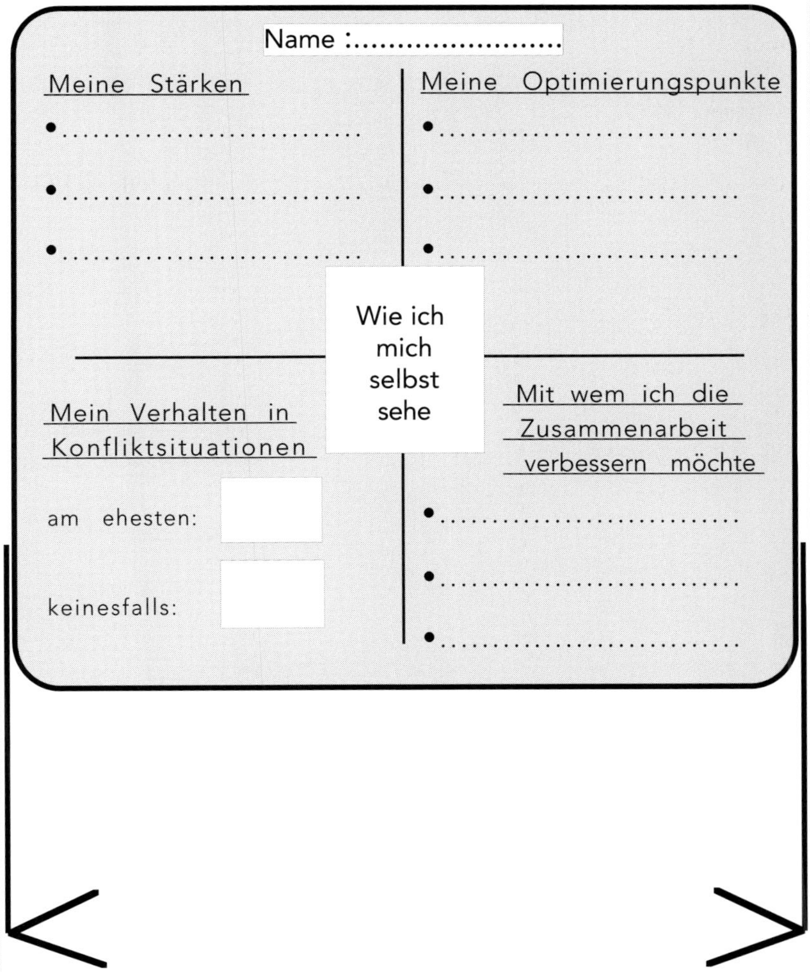

Ehe die Teilnehmer mit dieser Übung begannen, erläuterten wir ihnen verschiedene Konflikttypen, die in der folgenden Abbildung dargestellt sind. Das erleichterte ihnen, das eigene Konfliktverhalten darzustellen, beziehungsweise anzugeben, welches Muster untypisch für sie ist. (Abbildung 22)

Abb. 22. Konflikt-Typen

Menschen verhalten sich in Konfliktsituationen unterschiedlich. Im Folgenden finden Sie holzschnittartig vier Typen. Natürlich ist keiner wie Sie. Meist findet man aber einen, der einem im Verhalten am nächsten kommt („+") und einen, dessen Verhalten einem ganz fern liegt („-").

Herr/Frau „Sangufried"

- Sieht die Dinge positiv und locker.
- Überspielt Unterschiede und Gegensätze.
- Versucht, beiden Seiten zukunftsweisende und neuartige Sichtweisen nahezubringen.
- Bemüht sich um Optimismus.
- Verspricht gemeinsame bessere Zeiten.
- Verkennt den Ernst der Lage.
- Abgehoben, in den Wolken.
- Lenkt vom Stein des Anstoßes ab.
- Entzieht sich durch Einstieg in neue Projekte.
- ...

Herr/Frau „Cholnörg"

- Lässt nicht locker.
- Hält gegen.
- Versucht, sich durchzusetzen.
- Streitlustig und kämpferisch.
- Bereit, bis zum äußersten zu gehen und die Fahne hochzuhalten.
- Kontert bissig.
- Rivalisiert und klagt an.
- Eskalationsgefährdet („Benzin auf die Flammen" „Vorsicht: Explosionsgefahr!")
- ...

Herr/Frau „Phlegverm"

- Beruhigt die Gemüter.
- Appelliert ans „Wir-Gefühl".
- Strahlt deeskalierende Ruhe aus.
- Versucht, Konflikte nicht zur Kenntnis zu nehmen; neigt zu Verdrängung.
- Angriffe versacken wie in einer Wattewand („dickes Fell").
- Hat für die andere Seite Verständnis.
- Schweigt, hält sich zurück oder raus.
- Gibt eher nach und ordnet sich unter.
- ...

Herr/Frau „Melancomp"

- Appelliert an die Sachlichkeit.
- Bemüht sich um Ursachenanalyse.
- Verhält sich kühl und emotionslos.
- Fordert formal-organisatorische Regeln ein (z.B. Arbeitsplatzbeschreibungen).
- Versucht, Konflikte z.B. durch Tagesordnungen) „wegzuregeln".
- Fertigt schriftliche Stellungnahmen und Aktennotizen an.
- Rationalisiert emotionale Handlungen.
- ...

9. Das Feedback-Ritual „Heißer Stuhl“

Jedes Teammitglied stellte sein Porträt den anderen vor. Nach jeder Vorstellung hatten die Zuhörer Zeit, Stichworte zu drei Kategorien für ein anschließendes Feedback-Ritual aufzuschreiben:

- „Das bitte beibehalten: ...!“
- „Davon bitte mehr: ...!“
- „Und davon bitte weniger: ...!“

In der nächsten Sequenz nahm abwechselnd jedes Teammitglied auf dem so genannten „Heißen Stuhl“ Platz und erhielt von jedem seiner Teamkollegen nach diesem Ritual Rückmeldung. Diese Form wurde von allen Teilnehmern als sehr angemessen und hilfreich erlebt und ging durch die häufige Wiederholung in Fleisch und Blut über. Die eingangs geäußerten Befürchtungen, es könnte zu persönlich werden oder unter die Gürtellinie gehen, konnten schnell entkräftet werden. (Abbildung 23)

Abb. 23. Feedback-Ritual

Jeder Mensch hat bestimmte Stärken und typische Schwächen, die er allerdings oft wegen seiner „blinden Flecken" bei persönlicher Betroffenheit nicht wahrnimmt und abwehrt. Ein Feedback kann am ehesten dann angenommen werden, wenn es eine wohlwollende Balance von Anerkennung und Kritik enthält und und das persönliche, subjektive Empfinden betont wird. Folgende Schritte haben sich als hilfreich erwiesen:

Feedback-Spender (mit Augenkontakt):
(1) „Mir gefällt an Ihnen: _
_ _
- Als besondere Stärke bei Ihnen erlebe ich: _
- Unbedingt beibehalten sollten Sie aus meiner Sicht: _

(2) Und in anderen Punkten habe ich Schwierigkeiten, wünsche mir Veränderungen:
- Als „Zuviel des Guten" erlebe ich folgendes: _
_ _
Davon wünsche ich mir deshalb weniger!

- Als „Zuwenig des Guten" erlebe ich folgendes: _
_ _
Und davon wünsche ich mir deshalb mehr!"

Feedback-Empfänger: „Danke für Ihre Offenheit!"

Quelle: Fittkau

10. Die Beziehungs-Matrix

Als letzte Aufgabe dieses zweiten Tages wurden die Teilnehmer gebeten, eine Beziehungsmatrix auszufüllen. In ihr sollten sie anonym zu allen Zweierbeziehungen im Team subjektiv Stellung nehmen. Die Abbildung zeigt, wie eine solche Beziehungsmatrix aussehen kann. (Abbildung 24)

Abb. 24. Beziehungs-Matrix

Schätzen Sie bitte anonym die Beziehungen zwischen allen Personen Ihres Teams in der unteren Matrix ein. Bitte verwenden Sie dazu folgende Symbole:

= die Beziehung ist beiderseits vertrauensvoll und offen

= eine Beziehungsverbesserung wäre meines Erachtens wünschenswert

ohne Symbol **= die Beziehung ist sachlich - „ok"**

	Team-Mitglieder	2	3	4	5	6	7	8	9	10	11	12	13	14	Aus-wertung
01															
02															
03															
04															
05															
06															
07															
08															
09															
10															
11															
12															
13															
14															

Beziehungsklärung und Konfliktmoderation

Die Auswertung wurde wiederum durch uns visualisiert - in Form einer „Beziehungslandschaft“. Wir kreisten diejenigen Beziehungskonstellationen, die durch eine Vielzahl von „Blitzen“ als besonders brisant eingeschätzt worden waren, in der Beziehungslandschaft ein. Die betroffenen Teammitglieder konnten auswählen, ob sie im Gesamtteam an einer Klärung arbeiten wollten, lieber unter vier Augen oder mit Unterstützung eines kollegialen Vermittlers. In allen Teams gab es einzelne Personen, die Klärungsbedarf mit mehreren anderen hatten. Wir führten dann exemplarisch eine Klärung im Team durch und sorgten dafür, dass die anderen Klärungsgespräche terminiert wurden. Unser Vorgehen orientierte sich dabei an dem Leitfaden, den Sie in der Abbildung erläutert finden. (Abbildung 25)

Abb. 27. Feedback-Wand zur TE-Workshop-Weiterentwicklung

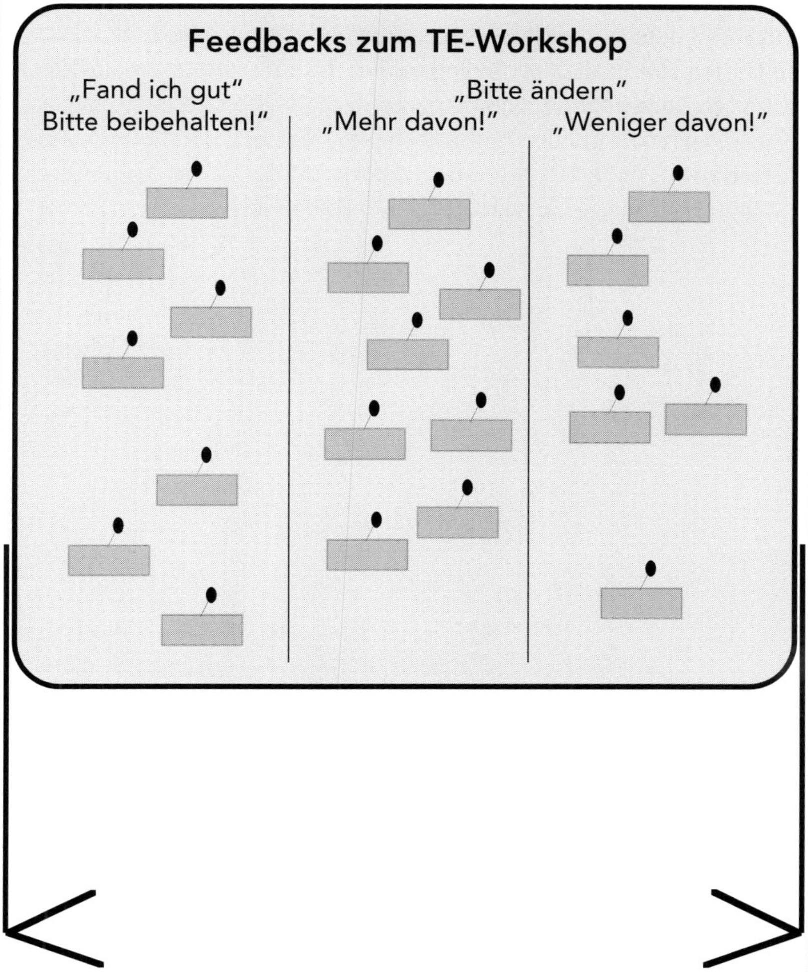

„Öffnungs-Geschichte“ am Ende

Die Wirkung von Abschlüssen ist durchaus ambivalent: Einerseits wird eine Schrittfolge abgerundet und es entsteht an dieser Stelle eine innere Ordnung. Andererseits kann dadurch auch die Spannung aus einem Entwicklungsprozess genommen werden, so dass auch diese „Akte geschlossen“ und „als erledigt abgelegt“ werden kann. Der Prozess scheint abgeschlossen. Insofern können offene Enden etwas beunruhigend Herausforderndes haben. Die Empfehlung mancher kluger Menschen, Pädagogen sollten mit Fragen schließen und nicht mit Antworten, dürfte auch für uns Berater beherzigenswert sein. Geschichten können eine solche öffnend-weiterführende Funktion haben. Unsere Teamentwicklungs-Workshops beschließen wir daher häufig mit der in der Abbildung dargestellen „Öffnungs-Geschichte“. (Abbildung 28)

Abb. 28. Himmel und Hölle

Die Wirkung von Abschlüssen ist durchaus ambivalent: Einerseits wird eine Schrittfolge abgerundet und es entsteht an dieser Stelle eine innere Ordnung. Andererseits kann dadurch auch die Spannung aus einem Entwicklungsprozess genommen werden, so dass auch diese „Akte geschlossen" und „als erledigt abgelegt" werden kann. Der Prozess scheint abgeschlossen. Insofern können offene Enden etwas beunruhigend Herausforderndes haben. Die Empfehlung mancher kluger Menschen, Unterricht sollte mit Fragen schließen und nicht mit Antworten, dürfte auch für uns Berater beherzigenswert sein. Geschichten können eine solche öffnend-weiterführende Funktion haben. Unsere TE-Workshops beschließen wir daher häufig mit der dargestellten Öffnungs-Geschichte.

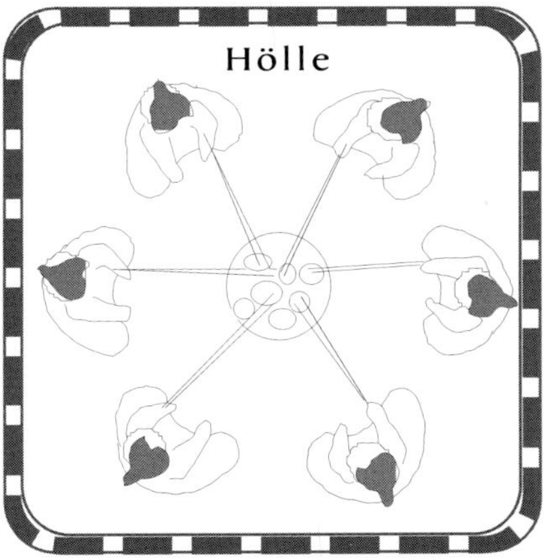

„Himmel und Hölle"

Die Menschen haben immer Wünsche. Einmal wurde einem Mann in China ein Wunsch erfüllt: Er wollte den Unterschied zwischen Himmel und Hölle sehen. Als er die Hölle besuchte, sah er Tische mit köstlichen Speisen, aber die Menschen saßen hungrig und wütend davor. Sie waren nämlich gezwungen, weit weg vom Tisch zu sitzen, und sie sollten mit einen Meter langen Eßstäben essen – was ihnen natürlich nicht gelang.

Als der Mann in den Himmel kam, war er sehr überrascht, denn dort sah er genau das gleiche: Die Menschen saßen weit weg von den Tischen und hatten lange Eßstäbe in der Hand. Hier aber sahen die Menschen zufrieden und wohlgenährt aus. Warum?

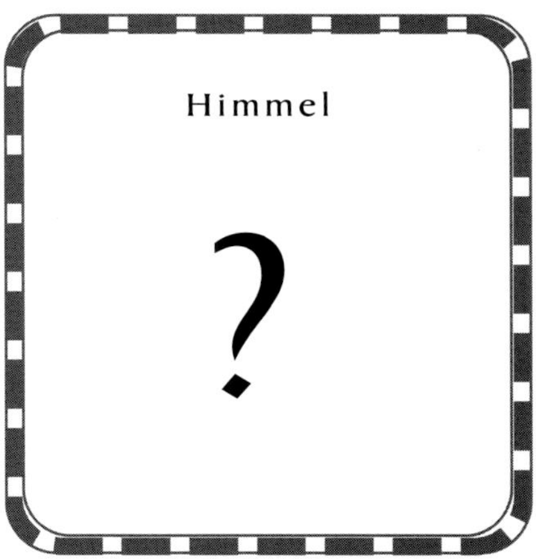

Vorbereitung von Workshop 2: „Review und Kundenorientierung"

Nach einem Zeitraum von sechs bis neun Monaten fanden – wie geplant – die Follow-Up-Workshops mit den Teams der „Ost AG" statt. Sie dauerten wiederum zweieinhalb Tage.

Vorbereitungen

In einem Gespräch mehrere Wochen vor dem Workshop bestätigten wir mit unserem Auftraggeber die vorgesehenen zwei Schwerpunkte für diese zweite Teamentwicklungs-Runde:

1. Review der im ersten Workshop verabredeten persönlichen und teamorientierten Entwicklungs-Projekte
2. Stärkere Ausrichtung auf die Kunden. Damit waren sowohl die externen Kunden als auch die Kooperations- und Schnittstellen-Partner im Unternehmen (die „internen Kunden und Lieferanten") gemeint.

Dazu kam durch Änderungen in einzelnen Teams noch ein weiteres Thema:

3. Neue Teammitglieder, die den ersten Workshop nicht mitgemacht hatten, sollten auf Wunsch des Auftraggebers mit der Übung „Persönliches Portrait" und dem Feedback-Ritual „Heißer Stuhl" in den Prozess einsteigen.

Unser Auftraggeber hatte in der Zeit zwischen den beiden Seminaren den Eindruck gewonnen, dass einige Teammitglieder mit der Realisierung ihrer vereinbarten Entwicklungs-Projekte zeitlich in Verzug waren und dem Workshop deshalb mit einer Mischung aus schlechtem Gewissen und Trotz entgegensahen. Wegen der hohen Arbeitsbelastung seiner Mitarbeiter hatte er zwar für ihre Situation Verständnis, suchte aber nach einer Lösung, die es ihnen ermöglichte, mit besserem Gefühl in den Workshop zu kommen. Insgesamt war er der Meinung, dass sich die Teams auf dem richtigen Weg befänden.

Wir riefen deshalb die Teammitglieder einige Wochen vor dem Workshop an und baten sie, als Vorbereitung auf den zweiten Workshop die Zeit seit dem ersten Workshop zu skizzieren. Fragen waren:

- „Welche Lichtblicke, aber auch Enttäuschungen und Veränderungen haben Sie erlebt?"
- „Welche positiven Veränderungen - unabhängig von den Projekten - konnten Sie in Ihrem Team feststellen?"

Hinsichtlich der Projekte fragten wir:

- „Sollte Ihr Projekt im Tagesgeschäft untergegangen sein, könnte das ein Zeichen dafür sein, dass es doch nicht so wichtig war? Oder haben Sie sich möglicherweise zuviel vorgenommen?"

Wir machten allen Beteiligten auch deutlich, dass Ziel des Review-Workshops nicht „Kontrolle der Hausaufgaben" oder „Suche nach Schuldigen für Probleme" sei, sondern dass aufgrund der bisherigen Erfahrungen Lösungen für die Zukunft gefunden werden sollten.

Mit diesen Gesprächen gelang es uns, die Teilnehmer für den Workshop zu motivieren. Eine Reihe von Projektgruppen traf sich daraufhin noch, um eine gemeinsame Bilanz für das Review-Meeting vorzubereiten.

Was heißt „Kundenorientierung“?

Da Kundenorientierung im Mittelpunkt dieses zweiten Workshops stand, wollen wir an dieser Stelle einige grundsätzliche Dinge zu diesem Thema festhalten. Natürlich ist allen Mitarbeitern in Vertrieb und Verkauf klar, dass die Kunden für den Erfolg des Unternehmens eminent wichtig sind. Alle kennen den Satz: „Der Kunde ist König“. Viele fügen aber unserer Erfahrung insgeheim an: „Doch die Monarchie ist bei uns abgeschafft!“ Zwischen Wissen und Einsichten auf der einen Seite und emotionsgesteuertem praktischem Handeln auf der anderen klafft sehr oft eine Lücke. Es ist hinlänglich bekannt, dass Kunden- und Serviceorientierung nicht zu den größten Stärken der Deutschen zählt.

Auf die neuen Bundesländer trifft dies in verstärktem Maße zu. Hier war der Kunde meist nur „Bittsteller“. Aufgrund der zunehmenden Mangelbewirtschaftung konnte sich der Vertriebsmitarbeiter als „kleiner König“ fühlen, der seine raren Waren wie eine „Gunst“ verteilte und dabei in den staatlich-zentralistisch gelenkten Unternehmen die Obrigkeit hinter sich wusste. Die Position: „Wir oben, ihr unten“ wird von Vertriebsmitarbeitern meistens als recht komfortabel erlebt.

Die Position eines Dienstleisters, in der die „dienende Funktion“ im Vordergrund steht, erscheint dagegen weit weniger attraktiv. Mit dieser Position mussten sich aber die ehemaligen DDR-Vertriebsangehörige nach dem Zusammenschluss auseinandersetzen. Sie sollten plötzlich Fragen stellen wie: „Was braucht mein Kunde von mir?“ „Was nützt ihm?“ „Wie kann ich ihn zufrieden stellen?“ Verglichen mit der früheren „Gunstverteilung“ eine deutlich unbequemere Positionierung. Hier gab es bei der „Ost AG“, wie bei vielen anderen Unternehmen im Osten auch, erheblichen Nachholbedarf.

Kollegen und Mitarbeiter als „interne Kunden“?

In unserem Vorgespräch mit unserem Auftraggeber diskutierten wir auch, wie das Thema „interne Kunden“ eingebracht werden könnte. Wir fragten uns:

- Ist es nützlich, die Beziehungsmuster eines Unternehmens nach außen (zu externen Kunden und Lieferanten) auch auf die internen Arbeitsbeziehungen zu übertragen?
- Wird das Betriebsklima nicht unnötig belastet, wenn man die harten Bandagen, mit denen am Markt gekämpft wird, auch im Inneren anlegt?

Unser Auftraggeber wollte, dass seine Mitarbeiter im Unternehmen so etwas wie ein „Heimatgefühl“ entwickeln können. Seine Philosophie war: Ein gutes Betriebsklima ist die beste Voraussetzung für positive Außenkontakte zu Kunden: „Wer nach innen weint, kann nach aussen nicht lächeln“. Dennoch hielt er es für wichtig, von externen Dienstleistern oder Beratern zu lernen und interne Prozessverläufen zu verbessern.

Wir vertreten einen ähnlichen Ansatz: Ein gutes Betriebsklima ist eine gute Basis, aber kein Garant für Markterfolg. Für diesen bedarf es kontinuierlicher Herausforderungen an Leistung und Qualität, an denen sich die Mitarbeiter orientieren können. Erfolgreiche Unternehmen zeigen, dass Produktivität und Menschlichkeit, Wettbewerb und Kooperation, die harten und die weichen Erfolgsfaktoren von Unternehmen keine Gegensätze sind (Becker, Langosch 1990). Im Gegenteil: Sie sind Gegenpole, die kreativ zusammengeführt werden können. Mitarbeiter werden durch das Marktmodell daran erinnert, ihre eigenen Leistungsstandards hoch zu halten und selbstverantwortlich weiter zu entwickeln. Das schützt sie am besten davor, ihre Konkurrenzfähigkeit auf dem Arbeitsmarkt einzubüßen. Diese Formen von Selbstverantwortung und Selbstdisziplin stellen aber keine Gefahr für das Betriebsklima dar, sondern verbessern es unserer Erfahrung nach eher.

Kundenorientierte Neuorganisation der Teams?

In unserem Vorgespräch fragten wir uns:

- Erfüllt die bestehende Vertriebsstruktur der „Ost AG“ die bestehenden und zukünftigen Markt- und Kundenanforderungen?
- Kann es nützlich sein, die Teamzusammensetzung kundenorientiert neu zu gestalten?

Wir erörterten Vor- und Nachteile der Idee, jedem Team einen Bauberater und einen Innendienst-Ansprechpartner als Teammitglieder zuzuordnen. Im Workshop sollten diese oder ähnliche strukturelle Organisationsveränderungen angedacht und geprüft werden.

Abb. 32. „Kundenorientierung" im Unternehmen und im Team/-Umfeld

Wie erleben Sie die Qualität der Kundenorientierung bei Ihrer (Zusammen-)Arbeit innerhalb Ihres Unternehmens? Bitte schätzen Sie die folgenden sieben Aspekte von „Kundenorientierung" grob ein.

„…die konsequente unternehmensweite strategische Ausrichtung der Unternehmensprozesse und der Organisation auf den Kunden hin"	„…die abteilungsübergreifende Verpflichtung, den gegenwärtigen wie zukünftigen Produkt- und Service-Erwartungen der externen und internen Kunden gerecht zu werden"	„…ein kontinuierliches Bemühen, die Kundenzufriedenheit zu verbessern, um zu einer langfristigen Kundenbindung zu gelangen und damit den Unternehmenserfolg sicherzustellen"	„…grundsätzlich positive Einstellungen und Verhaltensweisen der Mitarbeiter unseres Unternehmens gegenüber den externen und internen Kunden und ihren (Service-) Bedürfnissen"	„Wie werden wir von unseren internen (links) und externen (rechts) Zulieferern bedient?"	„Wie bedienen wir unsere internen (links) und externen (rechts) Kunden ?"	„Wie gehen wir im Team miteinander um ?"

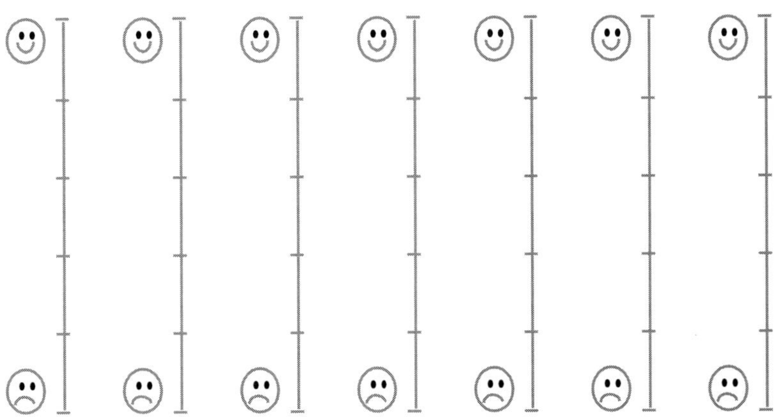

Einigkeit bestand darüber, dass wirklich realistische Einschätzungen nur die Kunden machen können. Die Frage war also: Sollte eine Kundenbefragung durchgeführt werden? Befürchtet wurde, dass solche Kundenbefragungen - ohne konkreten Anlass - das Risiko beinhalteten, unrealistische Erwartungen beim Kunden zu wecken. Wir schlugen ein allgemeines Befragungsinstrument vor, das intern und punktuell auch extern getestet werden könnte. Die folgende Abbildung zeigt einen solchen Fragebogen.(Abbildung 33)

Abb. 33. Kunden-Befragung

Sie sind sind ein wichtiger Kunde unseres Unternehmens/Teams. Damit wir zukünftig Ihre Erwartungen noch besser erfüllen können, brauchen wir Ihre Rückmeldung. Als kleines Dankeschön für Ihre Rückmeldung ...(nehmen Sie an der Verlosung einer attraktiven Reise teil).

(1) Worin sehen Sie die aktuellen Stärken und Schwächen unseres Unternehmens?

- Stärken:

- Schwächen:

(2) Welchen Nutzen für den Erfolg Ihres Unternehmens sehen Sie in der Zusammenarbeit mit uns?

(3) Was müssen wir tun, damit Sie zukünftig noch zufriedener mit uns sind?

Vielen Dank für Ihre Rückmeldung!

Vorstand Vertrieb	Kunden-Team-Leiter
....	....

Datum ....

Wir schlugen den Teilnehmern vor, erste Ergebnisse einer Kundenbefragung zu simulieren. Dazu teilten wir den abgebildeten Fragebogen aus. (Abbildung 34)

Wir fassten die Ergebnisse wieder anonym zusammen und visualisierten sie. Verbesserungsideen (aus Frage 12) hielten wir auf einer „To-do"-Wand für die spätere Planung von Maßnahmen fest.

Abb. 33.
„Wären Sie gerne Ihr eigener Kunde?"

Testen Sie Ihr Team!

Eine gute Möglichkeit herauszufinden, ob Sie Ihre Kunden zufriedenstellen und halten können, ist, sich die Frage zu stellen, ob Sie in dem von Ihnen vertretenen Unternehmensbereich/Team eigentlich selbst gerne Kunde wären. Beantworten Sie deshalb einmal vollkommen ehrlich die folgenden Fragen.

1. Könnten Sie behaupten, daß Ihre Kunden spezielle Vorteile und Zusatzleistungen von Ihnen bekommen, die sie bei Ihrer Konkurrenz nicht bekommen? ☐ ☐
2. Meinen Sie, daß Sie aus Sicht Ihrer Kunden als Experte auf Ihrem Gebiet gelten? ☐ ☐
3. Würden Ihre Kunden Ihnen trotzdem treu bleiben, wenn ein Konkurrent versuchen würde, sie mit etwas niedrigeren Preisen abzuwerben? ☐ ☐
4. Haben Sie das Gefühl, daß Ihr Unternehmen in Ihrer Branche für den Kunden die beste Produkt- und Servicequalität anbietet? ☐ ☐
5. Kennen Sie und sämtliche Mitarbeiter des Unternehmens die Antwort auf die wichtigste Kundenfrage: „Warum soll ich das Produkt ausgerechnet bei Ihnen kaufen? ☐ ☐
6. Gelten Sie aus Sicht Ihrer Kunden immer als zuverlässig, ehrlich und aufrichtig? ☐ ☐
7. Würden Sie sagen, daß Sie Reklamationen oder andere Kundenprobleme bisher immer dort, wo es möglich war, sofort und immer zur Zufriedenheit Ihrer Kunden lösen konnten? ☐ ☐
8. Können Sie ehrlich sagen, daß die meisten Kunden Sie nicht nur als eine Firma, sondern auch als ein Partner oder sogar Freund ansehen? ☐ ☐
9. Können Ihre Kunden auch von Ihnen profitieren, wenn sie gerade nichts von Ihnen kaufen oder Ihre Dienstleistung in Anspruch nehmen? ☐ ☐
10. Sehen Ihre Kunden in Ihrem Unternehmen eine verläßliche Quelle von hochwertigen Produkten, Dienstleistungen und qualifizierten Informationen? ☐ ☐
11. Trägt die Kundenbeziehung etwas zur Leistungsfähigkeit und dem Erfolg Ihrer Kunden bei? ☐ ☐
12. Was müßte besser werden, damit Sie noch lieber Kunde in Ihrem Unternehmen wären?

(1)
- -
- -
- -

(2)
- -
- -
- -

(3)
- -
- -
- -

5. Vorbereitung des Review

Zum Abschluss des ersten Tages baten wir die verantwortlichen „Kümmerer“ für die im ersten Workshop verabredeten Teamentwicklungs-Projekte Miniteams zu bilden und sich gemeinsam auf das Team-Review am kommenden Tag vorzubereiten. Zu jedem Projekt sollten die Verantwortlichen nach folgendem Schema einen Flip-Chart-Bogen zur Präsentation vorbereiten. (Abbildung 35)

Folgeaktivitäten

Anschließend an die Teamworkshops wurden wir in der „Ost AG" zu folgenden Beraterleistungen herangezogen:

Projektmanagement

Wie vereinbart, trainierten wir die Projektverantwortlichen und Führungsnachwuchskräften aus den verschiedenen Teams der „Ost AG" in zwei Gruppen zum Thema „Projektmanagement". Dabei vermittelten wir einerseits die Phasen, Werkzeuge und organisatorischen Eigenarten des Projektmanagements. Darüber hinaus erarbeiteten wir mit den Teilnehmern die Übertragung, Reflexion und das Nutzbarmachen dieses Werkzeugkastens für die laufenden Projekte. Die Projekte erhielten hierdurch wertvolle Impulse. Unsere Rolle als Projekt-Coaches konnten wir mit diesem Training produktiv einleiten.

Konflikt-Mediation

In der Folge zog uns die Firma „Ost AG" zu weiteren Trainingsmaßnahmen heran. Dabei ging es zum einen um die Weiterentwicklung der Führungskultur im Vertriebsbereich. Im Zentrum stand hier die Klärung eines schon seit längerer Zeit schwelenden Konflikts im Führungsteam des Vertriebsbereichs. Der Vertriebsdirektor als „Ziehsohn“ des Vorstandes wollte sich aus dem Schatten seines „Übervaters“ und Mentors befreien und ein stärkeres Eigenprofil entwickeln. Abgesprochen war eine Aufgabenverteilung, in der der Vertriebsvorstand die strategische Gesamtleitung, insbesondere „nach außen“ gegenüber seinen Vorstandskollegen, dem Mutterhaus und dem Marktes inne hatte, während der Vertriebsdirektor die operative Gesamtverantwortung „nach innen“ hatte.

In der Praxis war diese Aufgabentrennung schwierig umzusetzen. Der Vorstand empfand die Kritik seines Direktors an seiner „Einmischung“ und dessen Wunsch nach mehr Eigenständigkeit als eine Art Vertrauensbruch. Er befürchtete zudem, seinen gelegentlich notwendigen direkten Einfluss auf die Bereichsaktivitäten zu verlieren.

Diese Konfliktkonstellation ist typisch für den Generationswechsel in familienorientierten Führungssystemen. Aufgrund unseres Vertrauensverhältnisses zu den Beteiligten, deren Kenntnisse über die Prinzipien der Konflikt-Mediation und der Einbeziehung der zweiten Führungsebene konnte diese Thematik mit ihren tiefen emotionalen Dilemmata sehr offen und in einer menschlich einfühlsamen Atmosphäre besprochen und gemeinsame zukunftsweisende Lösungen gefunden werden.

Fusions-Workshops

Ein weiteres Thema unserer Beratung war die Integration des Vertriebsbereichs eines neu gekauften Unternehmens. Wir führten „Fusions-Workshops“ zur kulturellen und menschlichen Integration durch - damals noch nicht unter dieser Bezeichnung. Diese Trainingsmaßnahmen untergliederten sich in verschiedene Einzelworkshops:

- **Teamentwicklungs-Workshop für die neue Führungsmannschaft:** Das Ziel war, Vertrauen und Teamgeist zu stärken. Der Workshop verlief ähnlich wie die oben beschriebenen Teamentwicklungs-Workshops. Unterschiedlich war, dass der Fokus mehr auf der Klärung des Aspekts „Rolle und Selbstverständnis als Führungskraft“ lag. Außerdem wurden gemeinsame Führungsgrundsätze sowie Spielregeln für den Umgang mit Unterschieden vereinbart.
- **Teamentwicklung für die Vertriebsteams:** Die Vertriebs-Teams des neu erworbenen Unternehmens trainierten wir nach dem oben beschriebenen Muster. Teilweise wurden in diese Trainings auch deren Schnittstellenpartner einbezogen.

Resumée

Das Projekt wurde von unserem Auftraggeber als sehr erfolgreich bewertet. Auch wir waren mit den Ergebnissen zufrieden. So ist es uns in relativ kurzer Zeit gelungen, die „Vertriebs-Mannschaften Ost“ mit den westlichen Leistungsstandards vertraut zu machen und ihnen dabei einen eigenständigen Entwicklungsraum zu eröffnen. Die Teams arbeiteten anschließend erfolgreich und mit niedriger Fluktuation.

Dennoch versuchen wir stets, unsere eigene Arbeit kritisch zu reflektieren. Mit einigen Jahren Abstand würden wir heute bei diesem Team- und Organisations-Entwicklungsprozess einige Veränderungen vornehmen:

- Kritische Schnittstellen-Bereiche zum Vertrieb, namentlich die Produktion, konnten damals nicht für ähnliche Entwicklungsaktivitäten gewonnen werden. So wurde die Chance, den Gesamtauftritt des Unternehmens den Kunden gegenüber deutlicher zu verbessern, nicht genutzt. Die von der Produktion verursachten Qualitäts-Probleme mussten vom Außendienst bei den Kunden „wieder gerade gezogen“, die Produktionsprozesse konnten nicht team- und kundenorientiert verbessert werden. Heute würden wir auf eine Einbeziehung des Produktionsbereichs dringen.
- Wir konnten damals den oberen Führungskreis des Unternehmens nicht dafür gewinnen, die Führungskultur des Unternehmens insgesamt in Richtung einer stärkeren Team- und Kundenorientierung weiterzuentwickeln. Ursachen dafür waren politische Machtfragen, wie in einem internationalen Konzern üblich und unsere Sprachbarrieren als Berater. Auch unsere enge Verbindung zu unserem Auftraggeber und Machtsponsor erzeugte ein Dilemma: Einerseits ist eine enge Vertrauensbeziehung zum Auftraggeber eine wichtige systemische Kraft für den Erfolg von Veränderungsprozessen, die von Beratern begleitet werden. Andererseits be- oder verhindert gerade diese Vertrauensbeziehung in konkurrierenden Systemen eine bereichsübergreifende Kooperation. Aus systemischer Sicht wäre es besser gewesen, das Umfeld einzubeziehen und für den Veränderungsprozess zu gewinnen. Das war nicht unser Auftrag, wäre aber durch eine frühzeitige Blickerweiterung und mit entsprechenden frühzeitigen vertrauensbildenden Pilotaktivitäten gegebenenfalls möglich gewesen.